人材アセスメント受験者、管理職のための

インバスケット演習

著者　西山真一

監修　廣瀬正人

はじめに

（その1）

　本書を開かれた貴方は、おそらく"インバスケット"あるいは"マネジメント"という言葉にご興味がある方ではないでしょうか？
"インバスケット"というキーワードは、勉強好きのビジネスパーソンや、管理職への昇進・昇格試験としての人材アセスメント研修や試験（以下、「人材アセスメント」という）を受けたことがある方、あるいはこれから受ける方などはご存じではないかと思います。

　一方、「知っているどころか、苦しみだ！」、「二度とやらされたくない！」という方も多いのではないでしょうか。

インバスケット演習とは

　インバスケット（In basket）は未決済箱の意味です。
　インバスケット演習は、未決裁の案件を決裁して決裁済み箱（Out basket）に入れていくことをイメージした演習です。
　具体的には、ある架空の組織の管理職になった前提の中で、マネジメント（方針設定、分析判断、意思決定、指示、依頼等）を行う実践的な演習です。

　インバスケット演習は、人の行動を多面的に観察し、評価を行う一連の技法であるアセスメントセンターという手法で活用される演習（シミュレーション）の一つです。
　アセスメントセンターは、軍隊やパイロットさらには諜報機関など組織の人材選抜として活用されたのが発端と言われていますが、後に欧米を中心に企業における人材選抜の手法として広がってきています。

　日本においても、企業や組織における人材アセスメント（選抜・試験）の際に、インバスケット演習は活用されています。
　また最近ではマネジメントのトレーニング教材として活用される

ことも増えています。

インバスケット演習は、元々、個々人の能力診断をするためのツールとして活用されてきました。

一方、シミュレーションを通してマネジメントを実践的に疑似体験できるため、非常に優れた教育ルールとしての評価も高まってきています。

インバスケット演習を体験された方からは、「何が何だか分からないうちに終わってしまった」、「どう対処すればよいのか全く分からなかった」、「主人公になりきれなかった」、「自分の能力不足が認識できた」などの感想を聞きます。

一方、インバスケット演習の振返り学習の後には、「マネジメントを実践的に疑似体験できたので良かった」、「目から鱗だった」、「管理職はそこまでいろいろと考えないとダメなんですね」、「今後の仕事にすぐに役立てられそう」など、前向きな反応も返ってきます。

いずれにしても、この手法はすごい驚きやインパクトがあるようです。

本書は、このように「悔しかった」、「もっと勉強したい」、「再チャレンジしたい」、「繰り返し体験してさらにマネジメント能力を高めたい」、「これから受験するので勉強したい」などの思いをお持ちの方のために書こうと思いました。

勿論、インバスケット演習を通じて、マネジメントを実践的に学べる本ですので、経営者、管理職としてマネジメントの知識をさらに強化したい、実践的なノウハウを学びたいという方なら、どなたにでもお読みいただきたいと思います。

（その2）

ところで、ここで質問ですが、

「部下や後輩（家族でもよいですが）は貴方のいうことをよく理解して、貴方のイメージした通り動いてくれますか？」
「動いてくれる割合を確率にしたら、〇〇％くらいでしょうか？」

100%と答えた方……

　大変ご立派です。この本は読まなくても結構です。

80%と答えた方……

　すごい自信家ですね。この本は斜め読みで結構です。

50%前後と答えた方……

　平均より少し高いかも。ぜひこの本を読んでみてください。

30%前後と答えた方……

　少し自信がないですね。ぜひこの本を読んでみてください。

0%前後と答えた方……

　全く自信がないですね。この本を何回も読んでみてください。

　いろいろな方に聞いてみると、本音では全国平均で 30〜50％のような気がします。

　周囲の部下や後輩、そして家族にも（笑）、なかなか思う通りに言うことを聞いてもらえない、理解してもらえない、協力してもらえなくて悩んでいる方は非常に多いと私は感じています。

　時には部下などのモチベーションの低下やトラブルに発展する場合さえもあるものと思います。

　部下や後輩が貴方のイメージした通り動いてくれないのは、貴方の指示や依頼が適切ではないからかもしれません。

　私は、コンサルタントとして、企業や組織のさまざまな現場に顔を出しています。

　以下はある企業の管理職と私の会話です。

　その企業の取引先に同行訪問をするため、会社を出ようとしたときの話です。

　自転車置き場に行くと、私が乗るために用意してくれた自転車がパンクしてしまっていました。

　運悪く他の自転車もすべてパンクしており、仕方なく徒歩で取引先に向かうことになりました。

　その時、その管理職は少し怒ったそぶりで、

管理職：「あいつらに（←部下のこと）、ちゃんと準備をしておくように言っておいたんですよ。しょーがねーな！」

と言って、自転車のタイヤを蹴っていました。

　それを聞いて、

私：「この前、研修で言ったでしょ」
「何のために、いつ、どうしてほしいなど、分かりやすく指示をしないと部下は動いてくれませんよって」
「自転車がパンクをして使えないのは、貴方の指示が不十分だった可能性がありますよ！」

　そんなことを言いながら、取引先に徒歩で向かう途中で、またその管理職が部下のことを愚痴り始めました。

管理職：「実は先週、お客様との旅行があったんですが、その間に、あいつらに（←部下のこと）、ある重要な仕事をやっておくように指示を出したんですが、結局その間、あいつら早帰りして、指示をした仕事をやっていなかったんですよ！　まったく参りますよ……」

私：「だから、それも同じで貴方の指示が不十分だからそういうことになるんです」（と言いながらも、自分の研修での指導が不十分だから、この管理職がちゃんとした指示ができないのかも？　と、ガッカリする。同時に反省も）

管理職：「……」

　どうでしょうか、これではあまりにも生産性が低くないでしょうか？

　しかし、このようなことは、実は日本の企業や組織のいたる所で起きているのだと思います。

　自分も他人ごとではないかも？　と思う方は、ぜひこの本を読んでみてください。
　本書では、インバスケット演習を題材にして、管理職のマネジメントの基本や、その一環である経営・組織分析、問題解決、部下への指

示の仕方、成果管理などを実践的に学んでいただくことができます。

　また、経営者の方にとっても、経営や組織の運営、人材育成に資する内容になっていますので、お役に立てると思います。

　なお、本書に掲載しているインバスケット演習は、企業や組織の"課長"選抜時に使用するレベルのモノ（指示書および 20 の案件、文字数：約 12,600 文字以上）を掲載させていただきます。

　マネジメントやインバスケット演習の解説は、図表などを用いてできるだけ分かり易く解説させていただいています。

　本書をお読みいただくことで、多くの方のお役に立つことができれば幸いです。

目次

インバスケット演習「エアクリエート（株）横浜店　営業課長」の

解説章の目次

以下は各案件の処理の解説を掲載している章をご案内しています。

案件番号	章	ページ
1	9	175〜178
2	4	76〜123
3	10	193〜195
4	10	196〜198
5	6	133〜139
6	9	175〜178
7	6	142〜144
8	9	179〜185
9	6	149〜151
10	9	175〜178
11	9	186
12	6	140〜141
13	10	199〜200
14	7	156〜158
15	6	145〜148
16	9	179〜185
17	9	187〜188
18	10	200〜201
19	6	145〜148
20	7	159〜161

第1章
本の目的と活用方法

本書の目的

（1）なぜ、この本を出版するのか

　私は人材アセスメントの講師（アセッサーという場合もあります）や運営を担当する機会が多いのですが、研修効果を高めるため、これまで人材アセスメントの際に、インバスケット演習を含めた各演習（グループ討議演習や面接演習など）の解説に力を入れてきました。

　しかし人材アセスメントは通常試験として実施されますので、さまざまな制約があります。

　例えば、演習課題はすべて回収しますし、十分な解説資料をお渡しすることもできません。

　結果として人材アセスメントは、能力診断はできるのですが、受講者のマネジメント能力の育成にはつながりにくい側面もあります。

　また、「どうやって分析力や判断力を強化したらよいのか悩んでいます」、「何か良い勉強方法や教材はありませんか」など、個人面談の際にご相談を受けることも多いのです。

　そのようなこともあって、ビジネスパーソンのマネジメント能力向上や、人材アセスメント後のフォローアップのために、本書を出版することにしました。

　多くの方に、インバスケット演習を通じたマネジメント能力の実力アップのために本書を活用していただきたいと思います。

（2）インバスケット演習は優れた教育ツール

　本書では、会社や組織の人材アセスメントをこれから受けられる方には、インバスケット演習に対処する場合の考え方を学んでいただくことができます。

　一方、管理職や経営幹部、経営者の方には、マネジメントの実践力をさらに強化していただくことができます。

　企業や組織の実際の現場はあまりにも目まぐるしいため、マネジ

メント能力を効率的に学ぶことはなかなか難しいと思います。

　インバスケット演習は、マネジメントを実践的に疑似体験できるように、行動心理学的な観点も踏まえて設計された非常に優れたツールです。

　本書では何回でも疑似体験することができますので、貴方のマネジメント能力のアップにお役立ていただきたいと思います。

（3）職場の生産性の向上は、管理職のマネジメント能力アップがカギ

　さて、また質問ですが、

「日本の労働生産性は、先進７カ国の中で、何位でしょうか?」

　残念ですが、現時点で日本の労働生産性（日本の労働者が１時間あたりに生み出す成果）は、先進７カ国では最下位で、アメリカの３分の２にとどまるそうです。

　その理由は、為替や、ＡＩ・ＩＴなどの分野における後退が大きく影響していると言われています。

　一方で、経営幹部や管理職のマネジメントが上手く機能しておらず、結果として現場の生産性が上がらないということも言えるのではないでしょうか。

　日本の企業や組織は、これまで基本的には年功賃金、年功序列、年功昇進などの仕組みで運営されてきました。

　また、技術や品質が優れていれば製品や商品は売れ、経営は上手くいくといった考え方も未だにあるものと考えられます。

　そのため、多くの会社や組織において管理職のマネジメントを重要視するという発想が少なかったように思われます（もちろん、係数や成果の管理はさせられますが）。

　この結果、管理職のマネジメント能力が上がらずに、組織の生産性が高まりにくい要因につながっているものと思われます。

本書の冒頭で紹介しました事例のように、周囲の部下に指示をしても、なかなか思う通りに動いてもらえない、理解してもらえない、協力してもらえないと悩んでいる経営幹部や管理職、リーダーの方は非常に多いと思われます。

　本書では、どうすれば、部下や後輩が、貴方がイメージした通りに動いてくれるか、成果を出してくれるのか、についても触れていきたいと思います。

働き方改革を成功させるため
〜マネジメント能力のアップなくして、企業の明日はない

　さらに言えば、今、盛んに言われている“働き方改革”を成功させるためには、企業は生産性を高めるしかありません。

　生産性を上げずに、労働時間だけを減らして賃金を上げれば、やがて企業は破綻します。

　そんなことが永続的に成り立つはずはありません。

　企業も労働者も互いにWIN-WINの状態を持続可能にするためには、生産性の向上が大きなカギになるものと思います。

　管理職のマネジメント能力がアップすれば、組織の生産性は高まります。

　逆に言えば、組織のマネジメントが機能していないと生産性も悪く、成果もあがりにくくなります。

　生産性を高めるためには、管理職のマネジメント能力のアップが必須条件だと思います。

　ぜひ、この本を通じて、多くのビジネスパーソンや企業や組織のお役に立てればと思います。

本書の活用方法

活用法1

インバスケット演習：「エアクリエート（株）　横浜店　営業課長」
（第3章に掲載）にチャレンジしてみる。

　その場合は、末章付録の回答シートを10枚程度コピーして（A4サイズがお薦めです）、ご準備をしてください。

　その上で時間を計ってチャレンジしてください（回答は回答シートに記入してください）。

　制限時間は回答シートへの記入も含めて**120分**です。

　本番の人材アセスメントと同じ体験を、自宅でも、オフィスでもお好きなところでできます。

　ただし、途中で電話や来客などが来ない環境で実施されることをお薦めいたします。

　やり方や回答にあたっての留意事項は、「エアクリエート（株）　横浜店　営業課長」の"指示書"の中に記載していますので、それをお読みください。

　重要なことは、与えられる登場人物になりきって案件処理をすることです。

　終了後、第2章〜第10章の解説等を熟読して、自分の回答との違いや思考プロセスや分析などの違いを確認してみてください。

　また指示の仕方なども理解していただければと思います。

　その後、再チャレンジを繰り返していただいても良いと思います。

　能力アップのためには、反復練習が重要です。

　私も以前は経営や問題の分析なんて、全くできませんでした。

　しかし、中小企業診断士の国家試験を受ける際に、何度も何度も事例問題を解きながら身につけた経験があります。

　もう15年くらい前の話ですが。

活用法2

インバスケット演習にチャレンジはしないで、**本の解説を読みながら理解する。**

　お時間がない方や、ざっと読んでみたいという方は、まずは第3章のインバスケット演習：「エアクリエート（株）　横浜店　営業課長」を読んだ上で、第2章以降をお読みください。
「自分だったらこうした」、「ここは同じだ」、「まったくそんな着眼点はなかった」といった具合に自分との違いや、本書に書かれている着眼点や思考プロセス、分析方法などを確認しながら読み進めてください。
　そうするだけでも、マネジメント上の大切なポイントは吸収できると思います。

活用法3

その他、**自由にお読みいただいても結構です。**

インバスケット演習で何が分かるか？

　インバスケット演習は、行動心理学の理論を踏まえて設計されるものです。

　元来は個人の能力を診断する手法（アセスメントセンター）を構成する１つの演習ですので、マネジメントにかかわる能力を見ることができます。

　ただし、これはトレーニングを積んだ専門家（以下、「アセッサー」という）でないとなかなか難しいと思います。

　一方、ご自身のインバスケット演習の回答と、本書の解説に書いてあるマネジメントの考え方や、分析、着眼点、対応策のポイントなどを比較していただければ、貴方のマネジメントのスタイルや、思考プロセスの違いなどをある程度確認することができると思います。

　ここから先は、
（活用法１の方）
　まず、先に第３章に掲載しましたインバスケット演習：「エアクリエート（株）　横浜店　営業課長」に取り組んでいただき、回答を完成させた後に、第２章以降をお読みいただければと思います。

（活用法２または３の方）
このままお読みいただければと思います。

第2章
会社や組織が求める
課長のマネジメントとは

マネジメントの定義

　インバスケット演習の解説に入る前に、まずはその前提条件として必要なこととして、マネジメントの定義について触れておきたいと思います。

　管理職やリーダーの方にこの理解がないと、自分が何をすればよいのかが分からないまま業務にあたることになります。

　マネジメント（management）とは、直訳すると「経営」、「管理」などの意味を持つ言葉ですが、アメリカの経営学者Ｐ．Ｆ．ドラッカーがマネジメントのことを著書の中で、「マネジメントとは組織に成果を上げさせるためものであり」と記しています（Ｐ．Ｆ．ドラッカー、「明日を支配するもの　21世紀のマネジメント革命」ダイヤモンド社）。

　一方、私たちは、会社や組織が管理職に求めるマネジメント（使命と言ってもよいかもしれません）を以下のように定義しています。

> 「マネジメントとは、組織の目標を達成するために経営資源を最も効果的・効率的に活用し、人を通じて成果をあげることである」

　これを分解しますと、
①組織の目標を達成するために、
②経営資源を最も効果的・効率的に活用し、
③人を通じて成果をあげる
の３つになります。

　まず、①の「組織の目標を達成する」ことが"**目的**"になります。ここで大切なことは、管理職は**常に目的を意識**しながら行動することが必要だということです。

　一方、②の「経営資源を最も効果的・効率的に活用し」と、③の「人を通じて成果をあげる」は、目的を達成するための"**手段**"のことです。

経営資源とは

　さて、②について質問ですが、

「なぜ、経営資源は最も効果的・効率的に活用しなければならないのでしょうか?」

（答え）
経営資源は限られているからです。

　経営資源とは、人、モノ、金、情報、技術などのことを言います。
　例えば、貴方の会社で、金（予算）はあふれていますか?
　また人材は十分いますか?
　今どきの会社で、これらが十分あるという話は聞いたことがありません。
　どこの会社でも、ぎりぎりの人員や予算でやり繰りしているのです。
　このように、**経営資源は限られています。**
　これが経営資源の**特徴**です。
　だから、組織の管理職は経営資源を最も効果的・効率的に活用しなければならないのです。

人を通じて成果をあげる

管理職は人（部下、後輩、時には上司や他部署）を通じて成果をあげることが求められます。

　最近では、どの組織でもぎりぎりの人員で業務を回していることが多く、管理職はプレイングマネージャーであることがほとんどです。
　また、管理職になられる方は、業務成績なり知識や経験が優秀だからこそ選ばれていることがほとんどです。

このため、自分でやった方が早く、成果も出しやすい、というような事情があります。

　その一方で、部下や後輩の育成がなおざりになっていることも多いと聞きます。

　しかし、組織の将来の発展や成長を考えると、部下や後輩を育成したうえで、彼らを通じて成果を獲得していくということが重要になります。

　そして、最初は手間や時間がかかりますが、部下や後輩が成長してくれれば、管理職である貴方はもっと高度な業務や、重要な業務をする時間を作り出すことができ、結果としてより成果をあげることができるようになります。

　管理職は、このマネジメントの定義を踏まえて、以下のことを常に意識して行動する必要があるのです。

① 組織の目標を達成することが目的
② 経営資源（人、モノ、金、情報、技術など）を最も効果的・効率的に活用することを意識する
③ 自分で動くだけではなく、人を通じて成果をあげることを意識する

　これらのことを踏まえて、日ごろのマネジメントやインバスケット演習に臨むことが大切です。

実際の組織では、管理職や経営者の方から「人材の頭数もいない、能力のある人材もいない、教える時間もない、なのでムリ」というお嘆きを聞くときがあります。しかし、本当にそうなのかをよく考える必要があると思います。ものの見方ややり方を変えれば、何か突破口はあるかもしれません。また、本当にそうなのであれば、上位に相談するなり、交渉するなり何らかのアクションを粘り強く行ったかなどを振り返ってみてください。

第3章
インバスケット演習の構成と
貴方がやるべきこと

本章にインバスケット演習:「エアクリエート（株）横浜店　営業課長」を掲載させていただきます。
　また、末章に付録として、インバスケット演習の「回答シート」を掲載させていただきます。

インバスケット演習の構成

　まずは、「インバスケット演習」の構成です。
　27ページ以降のインバスケット演習は、「指示書」部分（※私たちは通常そのように呼びます。本書では今後「指示書」といいます）と「案件（20案件）」部分（※本書では今後「案件○○」といいます）で構成されています。

　指示書では、冒頭に「エアクリエート（株）横浜店　営業課長」というテーマが書いてあります。
　そのすぐ下に＜会社の状況とあなたの役割＞という記載があり、続いて、この演習の中で、貴方が演じるべき人物の名前（石川光）、会社の概要や置かれた状況、貴方に与えられる役割や使命などが書かれています。
　また、この演習のやり方やルールなども記載されています。
　さらには、この演習の案件処理をするうえで必要な参考情報が書かれています。

　その後、案件があります。
　案件は、案件1～案件20まで20の未処理案件があります。

指示書

案件（1～20）

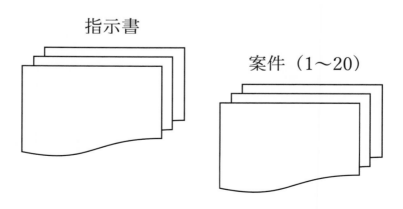

貴方がやるべきこと

　貴方のやるべき案件処理の仕方はインバスケット演習の指示書に以下のように記載されていますが、石川光営業課長（以下、本文では「石川課長」といいます）になりきって案件に臨むことが必要です。

【案件処理の仕方】
このインバスケット演習で重要な点は、案件を処理する際に、出張中（不在時）にするべきことがあれば、あなたの意図が正確に伝わるように留意し、関係者に指示や報告・連絡（手段はメールまたはメモで。※電話はできません）などを行うことです。そして、仕事がこれ以上停滞しないように努めることが求められます。メールを出す際は宛先（必要があればCCの活用もできます）を明記することも忘れないでください。また着任後の計画や、案件に目を通して気が付いたことなどがあれば書き留めておく必要があります。あなたは出張中、スケジュールが分刻みで詰まっており、横浜店と連絡をとる余裕はないものとします。なお、文章は所定の用紙に記入してください。

　それでは、次ページ以降のインバスケット演習にチャレンジしてみてください。

・末章付録の回答シートを10枚程度コピー（A4程度がお薦めです）してご準備ください
・その上で時間を計ってチャレンジしてください。制限時間は回答シートへの記入も含めて120分です
・回答は回答シートに記入してください

インバスケット演習課題
「エアクリエート（株）　横浜店　営業課長」

指示書

エアクリエート（株）　横浜店　営業課長

＜会社の状況とあなたの役割＞

　　あなたは、エアクリエート株式会社の社員、石川光（40才）です。大学卒業後にエアクリエートに入社しました。入社以来、支店や店舗の勤務を経験後、現在、本社の経営企画部の係長の職を担っています。

　　エアクリエート株式会社は、空調機器の設備工事会社として1975年に、株式会社松平設備として創業しました。創業後、大手エアコンメーカーの販売施工店として認定され、主に業務用エアコンの工事を中心に事業を行ってきました。高度成長や国内におけるエアコン普及率の上昇に伴い一挙に事業を拡大することができました。その後、会社名をエアクリエート株式会社に変更し、事業の多角化も進め、現在は電気設備や水回り・リフォームなどの分野にも進出しています。

　　Ｕ年９月１日（火）、あなたは“ＡＩやＩＯＴの技術を使った最新の空調・電気関連製品”の視察を目的とする中国（上海）出張の予定があり、今夜の便で出発する準備をしていたところ、急きょ上司の近藤裕介経営企画部長に呼び出されました。そこには、平山一郎人事総務部長も同席しており、その場で横浜店の営業課長として異動することを命じられました。以下は、近藤裕介経営企画部長とあなたとのやりとりです。

　「急な話で悪いが君に今日付で辞令が出た。９月８日（火）から横浜店の営業課長を任せたい。実は、前任の井上源営業課長が、８月中旬から急病（心不全）で欠勤が続いていたが、長期療養が必要とわかり、休職することになった。その後任として君に白羽の矢がたった。

　　君も知っているとは思うが、横浜市の総人口は日本の市町村では

最も多く約 370 万人を超え、現在も人口は増加傾向が続いている。事業所数は 11 万を超え、従業者は約 140 万人を超える。横浜市内総生産（名目）は 13 兆円を超え、茨城県と同程度で、広島県を上回る規模だ。臨海部には大規模な重工業地帯が存在するとともに、横浜港はコンテナ貨物や倉庫物流における日本の拠点として重要な役割を担っている。さらに横浜駅・みなとみらい周辺は多くの商業施設が集積しており多種多様なビジネスチャンスが存在する。一方で、競合他社も数限りなく存在する。

　当社の業績はここ数年成長が鈍化しつつあり横ばいの状態だ。経営環境を見渡せば、技術革新や、ライバル企業や新規参入企業との競合は激しさを増している。経営としては現状に相当の危機感を持っている。早急な経営戦略および収益構造の抜本的な見直しが求められている。

　横浜店は、この 4 月、当社の 3 〜 5 年後を占うモデル店舗として指定された。君には市場環境や顧客ニーズ、内部環境を踏まえ、前例にとらわれることなく新しいビジネスモデルや店舗の新たな運営スタイルを確立してほしい。

　横浜店での成否が当社全体の将来を左右すると言っても過言ではない。松平社長は『我々が、生き残れる道は、経済環境、技術環境、消費者動向などの経営環境や、社会や時代の変化に対応してビジネスモデルや組織文化を果敢に変えていけるかどうかだ』とおっしゃっている。君には、不退転の決意で臨んでもらいたい。そのための支援は惜しまない」

　突然の話に驚いたあなたは、多少戸惑いながらも「承知いたしました。精一杯務めさせていただきます」と言い、気が引き締まる思いがしました。

　さらに近藤裕介経営企画部長は、「早速だが、これから横浜店の松原和子総務係長に、君のパソコン宛に井上源前営業課長の未処理の

メールや関係資料等を送らせるので、内容を確認し必要な対応をしてもらいたい。午後6時までには着信するはずだ。あいにく今日は、業界関係の会合や工事繁忙期のため、横浜店に社員は誰もいないので、横浜店の社員との電話やメール通信はこの時間はできない。

　また今夜からの上海への出張（ＡＩやＩＯＴの技術を使った最新の空調・電気関連製品の視察）は重要な仕事なので予定通りに行ってほしい。飛行機の出発時刻との関係で、あまり時間はとれないだろうが、井上源前営業課長のメール等を確認し未処理の案件はできるだけ今日中に対応してほしい。これから君が発信するメールは、明日には横浜店のメンバー等が見るはずだ。大変だとは思うが頑張ってほしい」と言いました。

・・・・・・・・・・・・・・・・・・・・・・・・・・・・・・・・

　さて、今はＵ年９月１日（火）午後６時です。あなたは石川光です。これから前任者の井上源営業課長のメール等を確認しようとしています。またあなたはこの後、上海へ向かいますので、飛行機の時間に間に合うように出発しなくてはなりません。上海への出張は1週間です。９月８日（火）の朝出勤するまで、横浜店の社員との連絡は、この後一切とることはできません。

　あなたは井上源前営業課長の未処理案件を、外出までに120分で処理することを決め、早速仕事に取りかかります。

【案件処理の仕方】

　このインバスケット演習で重要な点は、案件を処理する際に、出張中（不在時）にするべきことがあれば、あなたの意図が正確に伝わるように留意し、関係者に指示や報告・連絡（手段はメールまたはメモ、※電話はできません）などを行うことです。そして、仕事がこれ以上停滞しないように努めることが求められます。メールを出す際は宛先（必要があればＣＣの活用もできます）を明記することも忘れないでください。また着任後の計画や、案件に目を通して気が付いたことなどがあれば書き留めておく必要があります。あなたは出張中、スケジュールが分刻みで詰まっており、横浜店と連絡をとる余裕はないものとします。なお、文章は所定の用紙に記入してください。

【エアクリエート株式会社の概要】

・エアクリエート株式会社の経営理念

「空調や生活関連事業を通して世の中に快適な環境を提供します。職場や生活空間の利用者の快適さに貢献するとともに、社員一人ひとりの生活を豊かにします」

・創業 ：1975 年　　当時は株式会社松平設備が会社名

（※1995 年、会社名をエアクリエート株式会社に変更）

・資本金 ： 10 億円

・直近の業績 ： 売上高　約 220 億円、　当期利益　約 1 億円

・本社所在地 ： 東京都千代田区

・拠点数 ： 営業所数　55 営業所　（※関東地方、東北地方、中部地方）

（※U 年 3 月末現在）

　　エアクリエート株式会社は、創業当初、業務用エアコン分野におけるトップシェア企業（G 社）の販売施工店として認定され、高度経済成長の波やエアコン普及率の上昇に伴い順調に業容を拡大してきた。また当社の成長は G 社のブランド力によるところも大きい。当初は業務用エアコンの工事のみを行っていたが、商品の販売を含めて徐々に他の事業分野にも進出してきた。

　　エアコンは、業務用エアコンと家庭用エアコンとがある。業務用エアコンは、主として事務所や店舗等のビル用に設計されたエアコンで、中・大形のセパレート形やシングルパッケージ形、リモートコンデンサー形がある。一方、家庭用エアコンは、主として家庭用に設計されたエアコンで、ウインド形および小形のセパレートエアコンがある。その大きな違いは、電源、電気代、室外機、冷暖房能力で、その他に大きな違いはない。

業務用エアコン市場は既に普及が進み飽和状態（横ばい）と言われている。一方、家庭用エアコン市場は毎年の天候にも左右されるが、出荷台数はやや増加傾向にある。業務用エアコンを中心に事業展開してきた当社は成長が鈍化し厳しい局面を迎えている。

当社は、このように経営環境が変化する中、ビジネス構造の変革を行いながら、これまで家庭用エアコン、電気設備工事、リフォーム（水回り設備含む）など、次々に新規事業領域に進出し成長してきた。

※なお工事は協力会社への外注で対応しているものもある。昨今は職人不足が顕在化し、技術力が高い協力会社の囲い込みが課題になっている。

参考情報2

［事業・製品サービスごとの市場動向］

【エアコン事業】
当社はエアコン事業として、業務用および家庭用エアコンの販売および設備設置工事を行っている。

（業務用エアコン）
日本の大手空調メーカーは6社であり、業務用エアコン機器分野で、国内でトップシェアのメーカーが約4割のシェアを握っており、他社は家庭用エアコンを中心に展開している。出荷台数のピークは1991年で約105万台だった。その後、バブル経済の崩壊を受けて大きく落ち込んだ。バブル崩壊以降は、リーマンショックなど景気動向にも左右されながら約60万台〜80万台の間で推移している。需要は耐用年数に応じた更新需要が中心となっている。今後の見通しとしては、V年の「五輪」に向けてオフィスビル建築に対す

る投資が活発になり業務用エアコン市場は拡大することが見込まれている。一方、その後は新築数の落ち込みによる悪影響が懸念されている。他方、今後はＡＩやＩＯＴを活用した空間の最適化や設備保全の省力化・自動化などの高付加価値化が進み、業務用および家庭用ともにエアコン市場は新たな局面を迎えるとの予測もある。

（家庭用エアコン）
家庭用エアコン機器分野では、空調メーカー大手6社でシェアを分け合っている状況である。家庭用エアコンは、業務用エアコンと違い大手家電量販店などの販売ルートを確保しやすいため、各社が進出し易かったことが背景にある。出荷台数は 1991 年まで順調に伸びた。しかし業務用エアコンと同様にバブル経済の崩壊で一旦落ち込み、その後 2008 年のリーマンショックまでは約 500 万台〜800 万台の間で推移した。その後は回復し 900 万台まで成長が続いている。今後の見通しとしては、1世帯あたりの保有台数の増加や、温暖化など異常気象の影響で市場の逓増が見込まれる。また有望視されているのが住宅分野における全館空調システムで、その普及が進むにつれ価格が下がり今後堅調に市場が拡大すると予想されている。

【電気設備事業】
当社は電気設備事業として、電動電源設備、屋内配線、ＬＥＤ照明、太陽光蓄電設備等の販売および設備設置工事等を行っている。
ＬＥＤ照明の今後の見通しは、軒並み普及したことや汎用品化の影響でＶ年をピークに市場は縮小に向かうとの予測がある。
太陽光蓄電設備（住宅用、業務用、公共産業用蓄電システム）の今後の見通しは、Ｚ年（5年後）の市場規模は、Ｒ年（3年前）と比較して約5倍を超えるとの予測結果が出ている。戸建て住宅用蓄電システムが市場を牽引し、住宅用と業務用で全体の3／4

を占めると予測されている。市場拡大の要因としては、U年に太陽光発電システムの電力の買い取り期間が終了する住宅が40〜50万戸あり、V年以降も1年当たりに15〜30万戸の住宅の買い取り期間が終了する。買い取り期間が終了した住宅では、売電から自家消費への移行が高まることが予想され、太陽光蓄電設備の特需が見込まれている。

【水回り・リフォーム事業】
当社は水回り・リフォーム事業として、キッチン、バス・トイレ、漏水・排水関係設備、エコキュート（※）設備等の販売および設備施工工事等を行っている。
市場動向については、キッチン関係ではピークを過ぎ逓減傾向、バス関係では横ばい傾向、トイレ関係では増加傾向、エコキュート関係では増加傾向で今後10年程度は市場が成長する予測がある。
一方、最近は総合リフォーム店舗として訴求するより、"水まわり専門店"として専門性を訴求する方が、集客力が高いとのマーケティング専門家の声があり、"水まわり専門店"の店舗開設が増加している。石油・ガス会社や有力リフォーム会社などが、こぞって水まわり専門店を開設している。

※エコキュートとは
「家庭用自然冷媒ヒートポンプ給湯器」の愛称で、ヒートポンプと呼ばれる技術を取り入れた電気給湯器で、空気の熱を利用してお湯を沸かすという特徴を持つ。販売開始以来、節電やエコ活動への意識の高まりもあり普及が進んでいる。

【就業規則　抜粋】

第○○条(年次有給休暇)

1　会社は、6ヶ月間継続勤務し、所定労働日の8割以上出勤した社員に対しては、次の表のとおり勤続年数に応じた日数の年次有給暇を与える。

　　　・・・中略・・・

3　社員が年次有給休暇を取得するときは、原則として 1 週間前までに所定の手続により会社に届け出なければならない。

4　社員が連続4日以上(所定休日が含まれる場合を含む。)の年次有給休暇を取得するときは、原則として1ヵ月前までに所定の手続により会社に届け出なければならない。

5　年次有給休暇は本人の請求があった時季に与えるものとする。ただし業務の都合によりやむを得ない場合には、他の時季に変更することがある。

　　　・・・後略・・・

【予算決裁権限規定　抜粋】

各店舗の販売促進のための予算(月額)の決裁権限は以下の通りとする。

金額	本社部長	エリア長	支店長	店長	営業課長
10 万円以下				○	○
10 万円超～30 万円以下				○	
30 万円超～50 万円以下			○		
50 万円超～100 万円以下		○			
100 万円超～	○				

【エアクリエート 組織図】

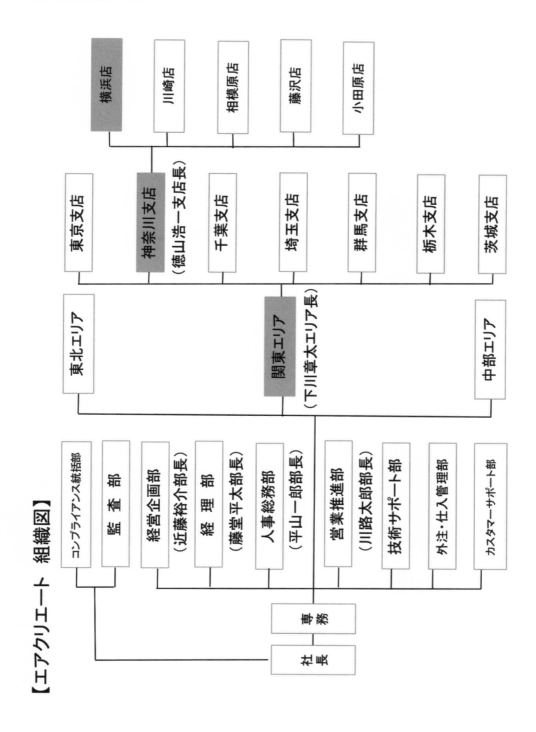

インバスケット演習課題
「エアクリエート㈱ 横浜店 営業課長」

案件 1～20

案件1-A

宛先：石川課長
発信：松原和子
日付：U年9月1日
件名：未処理メールおよび関係資料等の送信の件

石川課長
横浜店の総務係長の松原です。今後はよろしくお願いいたします。
今回の井上前営業課長の長期療養の件、大変心配いたしております。
経営企画部の近藤部長より、取り急ぎ、必要なメールや書類を整え、石川課長に送るように指示がありました。今日は、あいにく業界関係の会合や工事繁忙期のため、横浜店に社員は誰もいなくなります。明日は早めに出勤しますので、何かご指示がございましたら何なりとお申しつけ願います。
一週間上海へのご出張と近藤部長からは伺っております。現地は気温や湿度が高めのようですので、お身体を壊さないようにされてください。ご着任をお待ち申し上げております。

追伸
あと、先ほどYKH不動産の山内様からお電話がありました。課長になるべく早くお会いしたいご様子でした。9月8日に出勤する旨はお伝えしておきました。

【横浜店の概要】

・横浜市を中心に神奈川県の東南エリアを担当している
・横浜市の総人口は日本の市町村では最も多く約370万人を超える
・大規模な重工業地帯、大規模港湾、大規模な商業集積地がある
・社員数 ： 正社員40名、パート10名
・ＪＲ横浜駅から徒歩5分の立地で事務所およびショールームを併設している

【横浜店の業績の概要 － 全体】

U年3月末現在　　　　　　　　　　　　　　　　　　　（単位：百万円）

	Q年3月	R年3月	S年3月	T年3月	U年3月
売上高	1,020	1,001	1,005	990	980
売上原価（外注費含む）	770	759	765	757	755
売上総利益	250	242	240	233	225
販管費（人件費含む）	205	209	213	216	218
営業利益	45	33	27	17	7

（注）売上原価に社員の人件費は算入されていない

【横浜店の売上高・利益等の推移 ‐ 事業別】

【横浜店‐エアコン事業】
U年3月末現在　　　　　　　　　　　　　　　　（単位：百万円）

	Q年3月	R年3月	S年3月	T年3月	U年3月
売上高	670	651	645	623	640
売上原価	508.5	496.7	493.4	482.2	499.2
売上総利益	161.5	154.3	151.6	140.8	140.8
販管費	133.25	135.85	138.45	140.4	141.7
営業利益	28.2	18.4	13.1	0.4	▲ 0.9

※間接部門等の経費は、事業ごと人件費割合に応じて按分し販管費に配賦した

【横浜店‐電気設備事業】
U年3月末現在　　　　　　　　　　　　　　　　（単位：百万円）

	Q年3月	R年3月	S年3月	T年3月	U年3月
売上高	160	165	171	168	160
売上原価	124.2	128.4	133.6	131.2	125.4
売上総利益	35.8	36.6	37.4	36.8	34.6
販管費	30.75	31.35	31.95	32.4	32.7
営業利益	5.1	5.3	5.5	4.4	1.9

※間接部門等の経費は、事業ごと人件費割合に応じて按分し販管費に配賦した

【横浜店‐水回り・リフォーム事業】
U年3月末現在　　　　　　　　　　　　　　　　（単位：百万円）

	Q年3月	R年3月	S年3月	T年3月	U年3月
売上高	190	185	189	199	180
売上原価	137.4	133.8	137.7	143.9	130.0
売上総利益	52.6	51.2	51.3	55.1	50.0
販管費	41	41.8	42.6	43.2	43.6
営業利益	11.6	9.4	8.7	11.9	6.4

※間接部門等の経費は、事業ごと人件費割合に応じて按分し販管費に配賦した

【横浜店　組織図】

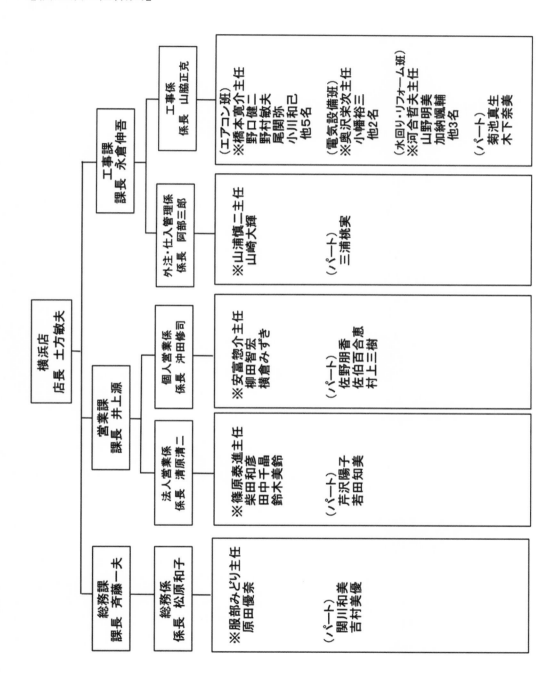

横浜店
店長　土方敏夫

工事課
課長　永倉伸吾

工事係
係長　山脇正克

（エアコン班）
※橋本寛介主任
野口健二
野村敏夫
尾関弥
小川和己
他5名

（電気設備班）
※奥沢栄次主任
小幡裕三
他2名

（水回り・リフォーム班）
※河合哲夫主任
山野明美
加納颯輔
他3名

（パート）
菊池真生
木下奈美

外注・仕入管理係
係長　阿部三郎

※山浦慎二主任
山崎大輝

（パート）
三浦桃実

営業課
課長　井上源

個人営業係
係長　沖田修司

※安富惣介主任
柳田智宏
横倉みずさ

（パート）
佐野朋香
佐伯百合恵
村上三樹

法人営業係
係長　清原清二

※篠原泰進主任
柴田和彦
田中千晶
鈴木美鈴

（パート）
芹沢陽子
若田知美

総務課
課長　斉藤一夫

総務係
係長　松原和子

※服部みどり主任
原田優奈

（パート）
関川和美
吉村美優

【横浜店の主なメンバーのプロフィール情報】

総務課長　斉藤一夫

　　年齢56歳。これまで特にこれといった実績はないが、年功的な人事制度の中で、課長職を担っている。係数の管理をキチンと行う等、堅実な仕事振りが評価され課長に任用されている。一方、新たな事へのチャレンジや改善意識は低く、事務処理を淡々とこなしている。本人も定年まで、可もなく不可もなく無難に過ごしたいと考えているようだ。

工事課長　永倉伸吾

　　年齢54歳。現場のたたき上げ。工事部門一筋のベテラン社員。現場の社員からの信頼は厚い。一方、やや頑固で昔ながらのやり方に固執することがあり、環境変化に柔軟に対応する事がやや苦手。経験のないことの意思決定は先送りしがち。

総務課　係長　松原和子

　　年齢40歳。横浜店の総務や経理事務のベテラン社員。冷静な目で店舗内の業務状況、社員同士の人間関係や管理職のマネジメントを見ている。

営業課　法人営業係　係長　清原清二

　　年齢43歳。業務用エアコンの営業を長年担っているベテラン社員。大手メーカー（G社）のことはよく知っている。一方、やや視野が狭く、従来型の営業スタイルに固執する時もある。また自身の仕事の領域以外のことには関心が薄く、他の課や係への情報提供などの情報連携が不十分な側面がある。

営業課　法人営業係　主任　篠原泰進

　　年齢37歳。自ら先頭に立ち積極的な行動が持ち味。成果獲得への執着は突出している。自ら家電量販店などへ小まめに顔を出し、家庭用エアコンや業務用エアコンの受注を獲得している。一方、組織を活用するより、自らプレーヤーとして成果獲得に邁進するタイプのため、係内のメンバーへの指導は不十分らしい。

営業課　個人営業係　係長　沖田修司

　　年齢39歳。真面目で誠実との評判がある。他店での個人向け営業の実績を買われて、この4月に赴任したばかり、特に個人向けの水回り・リフォーム事業に精通している。期待をかけられて横浜店の個人営業係長に就任したが、どうも壁にぶつかっているようだ。

営業課　個人営業係　主任　安富惣介

　　年齢34歳。太陽光蓄電設備に精通した人材として、6年前に大手電機メーカーから転職してきた。AIなどITにも強く、データを活用した効率的な営業方法などアイディアは持っている一方、コミュニケーションが苦手なため、顧客とのスムーズな会話に課題があるようだ。

【横浜店　担当エリア】

横浜市を中心に神奈川県の東南エリアを担当している

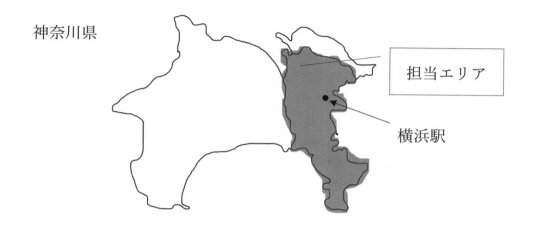

【横浜店　担当エリアの特徴】

- ・横浜市の総人口は日本の市町村では最も多く約370万人を超える
- ・横浜市は富裕層の人口比率が多いとの調査結果がある
- ・事業所数は11万を超え、従業者は約140万人を超える
- ・横浜市内総生産（名目）は13兆円を超え、茨城県と同程度で、広島県を上回る
- ・臨海部には大規模な重工業地帯が存在する
- ・横浜港はコンテナ貨物や倉庫物流における日本の拠点
- ・横浜駅・みなとみらい周辺は多くの商業施設が集積している。またオフィスビルも多い。さらに今後横浜市役所の新市庁舎への移転に伴い、オフィスビルの増加が見込まれる
- ・横浜駅はJRの他私鉄等5つの鉄道の駅であり、1日の平均乗降客数は約200万人を超え、年間では約8億人を超え、全国で5番目である
- ・横浜市内および近郊には、多くの大手家電量販店がロードサイドを中心に展開している
- ・エリア内にはロードサイドや駅前を中心に飲食店や大型商業施設も点在する
- ・一方、あらゆる分野において競合他社も数限りなく存在する

【各課・係の主な業務】

【総務課】
- 横浜店の経理事務
- 納品伝票、請求書の発行等に関する事務、諸経費の精算事務
- 社員の勤怠データの入力管理
- 電話受付、ショールーム来店顧客へのお茶出し　など

【営業課】

（法人営業係）
- 大手エアコンメーカー（G社）から紹介された顧客への対応や、営業および販売
- 大手家電量販店やゼネコン、不動産デベロッパーなどへの営業
- インターネット経由の問い合わせ法人顧客への対応や、営業および販売
- 個別企業（既存顧客中心）への営業および販売（空調設備はじめ、電気設備、水回り等）
- 受注した工事案件の発注手配

（個人営業係）
- 個人顧客へ営業および販売（空調設備、電気設備、水回り・リフォーム関係等）
- インターネット経由の問い合わせ個人顧客への対応や、営業および販売
- ショールームへ来店する個人顧客への対応や、営業および販売
- 受注した工事案件の発注手配

【工事課】

（外注・仕入管理係）
- 社内で対応できない工事等の案件を協力会社へ発注
- 機器および資材等の発注

（工事係）
- エアコンの他、各種製品の設置工事
- 各種製品のメンテナンス

U年　9月　横浜店予定表

日	月	火	水	木	金	土
		1	2 定例会議 14:00〜	3 石川	4 上海出張	5
6	7	8	9	10 労基署 立入調査	11	12
13	14	15	16	17	18	19
20	21 ●	22	23 ●	24	25	26 来店促進 感謝デー
27 来店促進 感謝デー	28	29	30			

47

宛先：石川課長
発信：本社-経営企画部長　近藤裕介
日付：U年9月1日
件名：横浜店の方向性について君の意見を聞かせて欲しい

石川課長

お疲れ様です。先ほどは、急な依頼にもかかわらず、大役を引き受けてくれ感謝している。活躍を期待している。

さて繰り返しになるが、当社の経営は転換点にさしかかっている。何としても早急に業績のテコ入れを行い、成長軌道に戻さなければならない。同時にビジネスモデルや、収益基盤の構造改革を断行しなければならない。そのためには経営戦略の見直しや、内部の組織改革も必要と考えている。

先ほど話したとおり、横浜店は元々当社の旗艦店だがこの4月、当社の3〜5年後を占うモデル店舗に指定された。横浜店は神奈川県の中では最も重要な店舗であることは間違いない。人口動態や産業・地域経済などを考えると、市場としては十分なポテンシャルがあり、ビジネスチャンスは無限大にあるものと思う。君には、市場環境や顧客ニーズの変化、内部環境を踏まえ、前例にとらわれることなく新しいビジネスモデルや店舗の新たな運営スタイルの確立、さらには店舗のマネジメント機能の適正化に力点を置いてほしい。その成功をもって、当社の5〜10年のグランドデザインを描いていきたい。ついては上海への出発前の忙しい時間帯だが、経営企画部に在籍した経験を生かし、その目線で今後の横浜店の方向性の腹案をまずは聞かせてもらいたい。今後は、土方店長や他のメンバーと協力して頑張って欲しい。

宛先：各店営業課長
発信：本社-営業推進課長　大森裕太
日付：U 年 8 月 11 日
件名：勉強会（太陽光蓄電設備関係）開催の件

各営業課長　殿

勉強会（太陽光蓄電設備関係）の開催のご案内

　時下、ますますご清祥のこととお慶び申し上げます。
　さて、今後の特需が期待されます太陽光蓄電設備関係につきまして勉強会を下記のとおり開催したいと存じます。当日は、大手家電メーカーの方に来ていただき、今後の営業に役立つお話をしていただく予定です。
　つきましては、ご多用中誠に恐縮ですが、出席者を人選のうえ、参加人数のご連絡をお願いいたします。

記

日時　　平成 U 年 9 月 9 日（水）　14 時～17 時

場所　　本社　大会議室

内容　　①太陽光蓄電設備関連商品の機能と特徴
　　　　②同商品の今後の需要予測
　　　　③同商品の営業上のポイント

※なお、資料の準備の都合上、出席者のご連絡を 9 月 1 日までに営業推進課あてにご一報くださいますよう宜しくお願いいたします。

以上

宛先：井上課長
発信：土方敏夫
日付：U年8月12日
件名：取引先の親睦旅行（兼ゴルフコンペ付き）の件

井上課長
お疲れ様です。今年も大手家電量販店の大和デンキから親睦旅行の誘いの書面が送られてきた。例年通り参加で返信等手配をしておいてくれ。例年だと、確か参加者は、店長、営業課長、法人営業係長および担当者の4名程度だったはずだ。それから、2日目の意見交換会での提案を何か考えておいてくれ。よろしく頼む。

エアクリエート株式会社　横浜店
店長　土方敏夫　様

株式会社大和デンキ
神奈川支社　横浜支店
支店長　渡辺　道男

拝啓
　時下ますますご盛栄のこととお慶び申し上げます。平素は格別のご高配を賜り厚く御礼申し上げます。毎年恒例の秋の親睦旅行およびゴルフコンペを開催したくご案内させていただきます。万障お繰り合わせの上、ご参加いただきますようお願い申し上げます。
敬具

記
日時　　　U年11月13日（金）～14日（土）
ゴルフ　　熱海ゴルフコース　　　　11月13日　現地8時集合
宿泊　　　熱海リゾート温泉ホテル　11月13日　1泊2日（※宴会あり）
※なお2日目の午前にホテル会議室で意見交換会を開催させて頂きます。
参加者　　工事協力会社の皆さま
参加費用　1名様：60,000円
※なるべく多くの方のご参加をお待ちしています。

宛先：井上課長
発信：斉藤一夫
日付：U 年 8 月 12 日
件名：有給休暇について

井上課長
以下のメールが、法人営業係の鈴木美鈴から来ました。どうしたものでしょうか。時間外のことは、少し気になります。本社の人事総務部から気をつけるように言われていますので。

宛先：斉藤総務課長
発信：鈴木美鈴
日付：U 年 8 月 11 日
件名：有給休暇について

今日はご相談があって、メールさせていただきました。
実は先週、9 月 14 日から 18 日の間の年次有給休暇の申請を行いましたが、篠原主任から「9月は仮決算の月で数字を固めないといけないので、休暇は遠慮するように」と言われました。その際、そばで清原係長も聞いていましたが、特に何も言ってくれませんでした。しかし、その日は、友人と台湾旅行に行く計画を以前から立てており、既にツアーの申込みや代金の支払も完了しています。しかし、篠原主任からは、「悪いけど、旅行はキャンセルしてくれ」と一蹴され、その日は出勤するように言われました。しかし、社員の有給休暇の申し出は簡単には断れないと聞いています。また日ごろから時間外勤務も多く、それに見合う手当ももらっていない気がします。当社も少しブラック企業的な感じがしています。今回の有給休暇の件、課長から篠原主任に何とか言ってくれませんか。一応、9月3日以降ですと、キャンセル料が30％かかります。

案件6

宛先：井上課長
発信：沖田修司
日付：U 年 8 月 12 日
件名：相談ごと

井上課長

お疲れ様です。お忙しい中、申し訳ありませんが相談があります。

YKH不動産という会社がありますが、古くから地元で不動産業を営んでおり、顧客からの信頼が厚く、時々個人のお客様を紹介してくれます。

実は、YKH不動産の山内社長から、以前から何度も「課長さんも一緒に誘って飲みに行きましょう」と誘われていますが、これまでは断り続けてきました。しかしあまり断り続けるのも気が引けますので一度位お付き合いしても良いのではと私は思います。

井上課長はどのように思われますか。

宛先:井上課長
発信:土方敏夫
日付:U年8月12日
件名:協力会社からの依頼の件

井上課長
お疲れ様です。以下のように、みなと設備工業から依頼があった。私としては初耳だ。
君の考えを聞かせて欲しい。
その後、永倉課長、阿部係長に指示をしようと思う。

封　書

エアクリエート株式会社
横浜店　店長　土方敏夫様
前略
いつもお世話になります。突然のお手紙お許しください。
これまで弊社は、貴社をメインのお取引先として、エアコンの他、バス・トイレ・漏水・排水などの施工を中心に業務依頼を頂いてまいりました。貴社からは丁寧で良い仕事をするとのご評価を頂いてきました。これまでのご恩に大変感謝しています。
さて今回は今後の工事単価について、何とか 20%程度値上げの方向で見直しをお願いしたく、お手紙を送らせていただきました。
値上げをお願いする理由としましては、主に昨今の人材不足による人件費の高騰です。また資材や物流費も上がってきております。このことは、昨年来、何度か、貴社の永倉課長様、阿部係長様に相談させていただきましたが、未だにお返事をいただいていない状況でございます。
弊社としましても、このままの状態が続きますと、他の単価の良いお取引様の仕事を中心に切り替える事も検討せざるを得ません。幸いなことに多くのお声がけをいただいております。なるべくなら、ご恩のある貴社をメインに取引をこれまで通り行いたいと存じます。何卒、ご理解をいただき、工事単価の見直しをお願い申し上げます。

草々

U年8月11日

みなと設備工業
代表取締役社長　横須賀　哲郎

宛先：井上課長
発信：土方敏夫
日付：U 年 8 月 10 日
件名：永倉課長の申し出について

井上課長
お疲れ様です。永倉課長から以下のメールがあったが、営業課の意見を事前に聞かせて欲しい。

宛先：土方店長
CC：井上課長、斉藤課長
発信：永倉伸吾
日付：U 年 8 月 7 日
件名：家庭用エアコン受注の件

土方店長
お疲れ様です。家庭用エアコンの受注状況のことで、ご相談です。
今年は猛暑が続き、エアコンの受注は家庭用エアコンを中心に増加しています。確かにここ数年、業務用エアコンの受注量が減少しているため、営業課としては大手家電量販店に営業攻勢をかけて売上高を確保しているのだと思います。しかし家庭用エアコンは、エアコンの販売は大手家電量販店が行い、当社は設置工事をするだけです。しかも工事単価が低いです。そのことは工事課の社員も知っておりモチベーションが落ちています。しかも次から次へと工事現場が待っています。実際、労働時間もかなり長時間化してきています。営業課は、工事単価が高い業務用エアコンの受注にもっと注力すべきだと思います。また電気設備や水回り・リフォームなどの技術が高い社員もいますので、そちらの受注も強化して頂きたいと思います。
来月の定例会議の議題にしていただければと思います。

以上

54

宛先：井上課長、永倉課長、斉藤課長
発信：土方敏夫
日付：U年8月11日
件名：当店の業績改善策の件

井上課長　斉藤課長　永倉課長
お疲れ様です。本社営業推進部の川路部長から以下のメールが来た。
早急に何らかの改善策を出さなければならない。井上課長を中心に君達の方でも具体的な対策を検討し提案して欲しい。

宛先：土方店長
CC：井上源営業課長、徳山支店長、下川エリア長
発信：本社−営業推進部長　川路太郎
日付：U年8月10日
件名：貴店の業績について

土方店長
お疲れ様です。貴店はこの4月からモデル店舗に指定され大いに期待をかけているところだが、7月末の実績資料（添付資料）を見ると、既に第2四半期に入っているが昨年までの業績の悪化傾向に歯止めがかかっていない状況だ。
いったい、どうなっているんだ。これでは何ら手立てを講じていないのと同じだ。
早急に、この状況を分析したうえで、今後の具体的な業績改善策を検討し、できるだけ早く私宛に送って欲しい。
なお、この件については、9月4日（月）の役員会の重要なテーマとなるので、よろしく。
以上

【横浜店の売上高・利益等の推移 － 月次】

【横浜店－全体】　　　　月次推移表

Ｕ年７月末現在　　　　　　　　　　　　　（単位：百万円）

	Ｕ年４月	Ｕ年５月	Ｕ年６月	Ｕ年７月	合計
売上高	76	77	84	86	323
売上原価	58.5	59.4	64.8	66.6	249.3
売上総利益	17.5	17.6	19.2	19.4	73.7
販管費	18	18.1	18.1	18.5	72.7
営業利益	▲ 0.5	▲ 0.5	1.1	0.9	1.0

案件10

宛先：石川課長
発信：松原和子
日付：U年9月1日
件名：当店の問題点について

（親展）

石川課長

お疲れ様です。先ほどは失礼いたしました。

折角、新しい営業課長が来られるので、この際、思い切って、当店の状況についてお知らせさせていただきたいと思います。

当店は今年4月からモデル店舗に指定されたのですが、確かに市場のポテンシャルは十分あると思います。一方、それに対応するだけの店舗体制や営業体制は不十分なのではと思います。店舗メンバーの一体感がないというか。とにかく、バラバラに動いている感じがします。

例えば、工事課の人たちは、毎日依頼を受けた工事をひたすら行うだけで、現場での提案営業や、顧客サービスやクレンリネス（※）への意識が不足していると思います。時々クレームが入ることもあります。一方、特にエアコン班では繁忙期には工事が集中し、国が定めた過労死ラインの基準を超える長時間労働も発生しているようです。勤怠データ（出勤日数、労働時間等）上は、決められた残業手当の範囲内で申告を行ってきますが、どうみても少なめに申告しているように感じます。最近は、労働基準監督署も長時間労働には厳しい対応をしているようです。通報でもあれば一発で終わりだと思います。また安い工事単価の仕事ばかりさせられてモチベーションが上がらない、自分たちは技術力も高いので、営業がもっとよい仕事をとってくるべきだと不満の声も聞こえてきます。

営業課の法人営業係では、昔ながらの営業習慣を踏襲しており、"とにかく、売上を上げろ"のかけ声で、体育会系的な乗りで業務を行っており、ハラスメントなど少し気掛かりです。また個人営業係や他の課との情報交換や連携があまり念頭にないようです。

個人営業係では、それぞれ得意分野を持った社員がいますが、個々の社員がやや単独で動いている感じがします。またインターネット経由の問い合わせ対応やテレアポなどの新規顧客開拓が中心になっている一方で、既存顧客へのフォローアップや再販売などがおざなりになっているような気がします。さらに折角立派なショールームがあるのに生かしきれていないような感じがします。

以上、取り急ぎ、お耳に入れていただきたいと思い連絡させていただきます。

上海では、お身体ご自愛ください。

（※）クレンリネスとは、清潔、衛生的な状態などを意味する

案件11-A

宛先：井上課長
CC　：土方店長、徳山支店長、下川エリア長
発信：本社-営業推進課長　大森裕太
日付：U 年 8 月 11 日
件名：市場予測データの件

井上課長
お疲れ様です。以前、貴殿から依頼された市場予測のデータを入手しましたので、送らせていただきます。営業活動にお役立ていただければと思います。

以上

【太陽光蓄電設備市場予測】

（単位：億円）

	U年	V年	W年	X年	Y年	Z年
公共産業用蓄電設備市場	200	400	600	700	800	1,000
住宅用/業務用蓄電設備市場	1,000	1,300	1,700	2,200	2,500	2,700

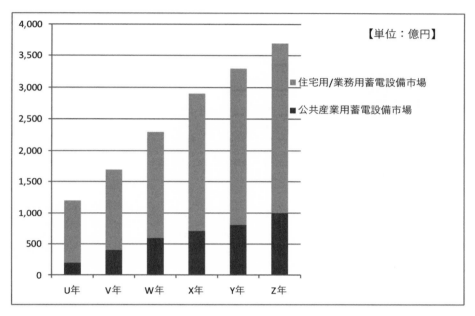

【エコキュート（出荷台数）市場予測】

（単位：万台）

	U年	V年	W年	X年	Y年	Z年
エコキュート（出荷台数）市場	115	130	150	155	160	170

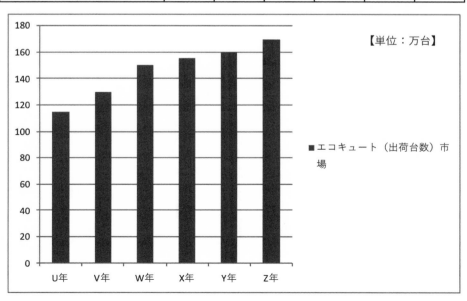

案件11-B②

【住宅リフォーム市場予測】

（単位：兆円）

	U年	V年	W年	X年	Y年	Z年
住宅リフォーム市場	6.2	5.6	5.8	6.0	6.1	6.2

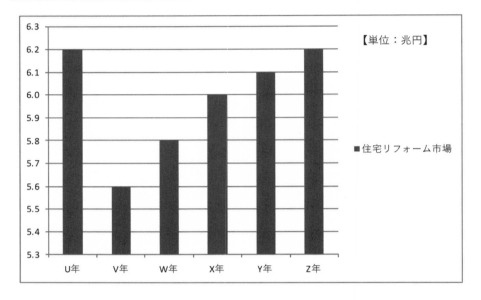

【新設住宅着工戸数市場予測】

（単位：万戸）

	U年	V年	W年	X年	Y年	Z年
新設住宅着工戸数市場	82	80	78	75	73	70

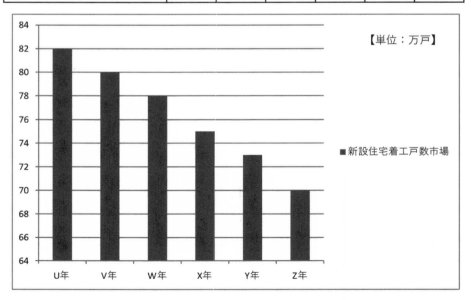

宛先：土方店長
CC　：井上課長
発信：斉藤一夫
日付：U年8月11日
件名：当店でパワハラの通報

```
井上課長
君の課で問題が起こっている。
君の方でしっかりと対応を頼む。
　　　　　8月11日　土方
```

土方店長

お疲れ様です。本社の人事総務課から以下の連絡が入りました。営業課法人営業係の篠原主任が、パワハラの問題を起こしているとのことです。どのように対処すればよろしいでしょうか。

宛先：斉藤課長
CC　：土方店長
発信：本社−人事総務課　課長　小泉浩介
日付：U年8月7日
件名：【マル秘扱い】パート社員からパワハラの通報の件

斉藤課長

人事総務課の小泉です。先ほど電話で伝えた内容は以下の通りです。

通報者：貴店営業課法人営業係のパート社員の若田知美さん

通報内容：同課同係の篠原主任からパワハラを受けている

内容：内線電話で、以下のような言葉を強い口調で言われたり、叱責されたりすることがしばしばある。

「聞こえないよ！」、「あんた、何言ってんのか意味わかんないよ」、「相手の名前を必ず聞いてくれ」、「若田さん、何回言ったらわかるの」、「遊びで仕事をしているんじゃねえ〜んだよ」、「いい加減にしろよ。なあ〜」

若田さんは、最近は怖くて、横浜店に入る前に、心臓がバクバクしたり、涙が止まらなくなる時もあるとのこと。ご主人とも相談したが、このまま改善がなければ、労働基準監督など国の機関に相談に行くと言っていました。

当社では、コンプライアンス重視で経営をしています。また世間体の問題もあります。貴店の方で、早急に対策をとり問題を解決してください。逐次、報告もお願いいたします。

以上

宛先： 井上課長、永倉課長
CC ：土方店長
発信：斉藤一夫
日付：U 年 8 月 18 日
件名：上半期（9月末）の売上高・利益予測の件

井上課長　永倉課長
お疲れ様です。本社の経理部から以下の連絡が入りました。
つきましては、井上課長には売上高予測および販売管理費等の経費予測を、永倉課長には外注費を含む原価予測をお願いいたします。

宛先：各店総務課長
発信：本社－経理部長　藤堂平太
日付：U 年 8 月 18 日
件名：上半期（9月末）の売上高・利益予測の報告の件

各店総務課長　殿

平素はご協力いただき、ありがとうございます。
来月には、上半期の仮決算となります。今年度も引き続き、売上高・利益ともに逓減傾向にあり、収益状況は大変厳しくなっています。各店は、目標達成に向けて引き続き邁進してください。

さて、仮決算の予測をする必要がありますので、各店の売上高および営業利益の来月（9月）末の予測値をご報告ください。
U 年9月4日までに提出するようにお願いいたします。

以上

宛先：井上課長
発信：横倉みずき
日付：U 年 8 月 12 日
件名：来店促進感謝デーに関する提案

井上課長
お疲れ様です。今日は提案をしたく連絡させていただきます。

来月の 26 日〜27 日の来店促進感謝デーにおける来店促進のための目玉として、子供達に人気の"ゆるキャラ"を呼んではいかがでしょうか。費用は、概ね出張料（15 万円）＋運搬・交通費（3 万円）とのことです。

最近、ショールームへの来店客数が伸び悩んでいます。このあたりでインパクトのあるイベントを開催して、これを契機に今後の来店客数のアップにつなげていきたいと思います。

課長のご決裁をお願いいたします。なお本件を沖田係長や安富主任に相談しましたが、あまり興味をもっていただけませんでした。しかし、私たち個人営業係は個人がターゲットになりますので、ショールームを核とした来店促進型の営業展開が効率的ではないかと思います。イベント会社への手配の関係がありますので、遅くとも 9 月 4 日ころ迄にはご承認をお願いいたします。

以上、何卒よろしくお願いします。

宛先：土方店長
CC：井上課長、斉藤課長、徳山支店長
発信：本社-カスタマーサポート部　三上百合恵
日付：U年8月10日
件名：来店顧客からのクレームの件

> 井上課長
> このようなクレームが来たが、
> 君の方で事後の対応を頼む。
> 　　　　8月11日　土方

土方店長
お疲れ様です。
本日、横浜市内にお住まいの方から、連絡がありました。内容は、以下の通りです。
事後のご対応をお願いいたします。
・ 昨日の日曜日の午後に横浜店のショールームに行ったが、ひどい対応をされた
・ ショールームに入ると、そこには店員は誰もいなかった
・ しばらくすると、事務員のような店員さんが出て来たので、「太陽光蓄電設備やエコキュートを見に来ました」と言うと、その店員さんから「予約はありますか」と事務的に言われた
・ 「特に予約はしていません」と私が言うと、「少々お待ちください」と言って、奥に行って、しばらく待たされた
・ しばらくすると、50歳代くらいに見える、ベテランの男性店員さんが出てきて、「スミマセン。今の時間は、説明できるスタッフがいないので、ちょっと対応できないんですよ・・・」、「予約してから来てもらえれば、対応できたのですが・・・。これが各メーカーのパンフレットなのでよろしければ・・・」と言って、パンフレットを渡された
・ その態度は、急に来た顧客に困り、いかにも追い返すように言っている様に感じた
・ 私も主人もその一連の対応に何となく腹立たしく感じ何も見ずに帰ることにした
・ お宅の会社では、どのように社員教育をしているのか！
・ 予約をしないで行ったからといって、顧客をむげに扱う様子は許せない
・ だいたい日曜日の午後に、展示商品の説明をできるスタッフがいないのはおかしい
・ もうお宅の会社では買わない
私の方からは、「担当の横浜店の責任者に連絡し、二度とご迷惑をおかけしないようにいたします。大変申し訳ありません」とお応えしておきました。
念のため、連絡先をお聞きしておきました。
　　住所：横浜市保土ケ谷区星川A-B-C
　　お名前：川上陽子様
取り急ぎ、ご報告させていただきます。

宛先：井上課長
発信：清原清二
日付：U 年 8 月 12 日
件名：工事課について

井上課長

お疲れ様です。実は工事課との調整で困っています。

この4月からモデル店舗に指定されたこともあり、更なる受注の拡大に向けてG社様はじめ、大手家電量販店様への営業攻勢をかけているところであります。我々としては売上高を最大限確保することが最大の使命だと認識しています。しかし、先日、永倉工事課長から「エアコンの工事の受注量は、今の当店の人員からしてこれ以上増やしてもらっては困る。対応できない。まさに今が最盛期で班員は毎日夜遅くまで現場を回っている。また特に大手家電量販店から請け負っている家庭用エアコンは工事単価も低く、協力会社に出したら赤字になるくらいだ。営業がこのような仕事の取り方をしているから当店の業績は悪化するんだ」と言われました。また「うちには優れた技術を持つ社員が多いのだから、もっと付加価値が高い仕事をとれるように営業のやり方を変えてみてはどうなんだ」とも言われました。

しかし、各大手家電量販店は我々が努力して築き上げてきた貴重な販売ルートです。また今年は強烈な残暑も予想されていますので、工事課の都合で折角の受注機会を逃すのはおかしいと思います。

課長の方から、永倉課長を何とか説得していただけないでしょうか。

宛先：井上課長
発信：沖田修司
日付：U年8月13日
件名：最近の水回り専門店のマーケット情報

井上課長

お疲れ様です。先日、今はやりの業態店舗の視察をしてきましたので報告させていただきます。

最近は顧客への訴求効果を高めるために、水まわり専門店が我々の担当エリア内でも続々と登場し始めています。先日、H社（大手家電メーカー）が直営展開する水まわり専門店を見てきました。数種類のキッチン、バス、洗面化粧台、トイレ等を展示し、グレードや価格帯ごとに展示スペースを分けていました。そのことで来店客が予算に合ったものを選びやすいように工夫をしているようです。多くの来店客で賑わっていました。

一方、当店はショールームを併設していますが、従来型の製品種類ごとの展示方法ですし、エアコンなのか、電気設備なのか、水回りなのか、何の店舗なのか今一つ分かりにくく訴求力が弱いと思います。顧客は専門性や自分の生活スタイルをイメージできる展示を求めているのではないかと思います。当店も来店顧客を増やすためには、ターゲットを絞って、水回りなどの製品に特化して訴求する方が良いのではないでしょうか。

宛先：井上課長、永倉課長、斉藤課長
発信：土方敏夫
日付：U年8月31日
件名：今期の経費削減目標の件

課長各位
お疲れ様です。本社から以下の通り、経費削減の要請がきた。
各課の経費削減策を具体的に報告してください。

宛先：各店長
CC：本社各部部長、本社各課課長、各エリア長、各支店長
発信：本社-経理部長　藤堂平太
日付：U年8月31日
件名：今期の経費削減目標の件

各店長殿
平素はご協力いただき、ありがとうございます。
さて、今期も来月末で仮決算です。今年度も収益状況は大変厳しい状況が続いています。
そこで、今期は各店舗の経費（売上原価を含む）を、前期比で一律3％引き下げることが、先週の役員会で決定しました。各店長は、具体的な削減策を検討の上、U年9月7日（月）までに提出するようにお願いいたします。

以上

宛先：井上課長、永倉課長、斉藤課長
発信：土方敏夫
日付：U年8月18日
件名：当店のCS調査の結果

課長各位
お疲れ様です。本社から最近のCS調査の結果がきた。
各位の意見をまとめて、私が本部に報告をするので、9月2日の定例会議までに報告
をお願いします。
特に、工事課（エアコン班）と営業課（ショールーム）はどうなっているんだ。

※この調査は、お客様を無作為に選び、郵送でアンケートを行い回答を得ました。
※5点満点で回答　　以下は、回答者の平均点
（5：非常に優れている、4：優れている、3：普通、2：良くない、1：非常に良くない）

【営業・ショールーム】回答者の平均点

	ショールーム	個人営業	法人営業
品揃えの充実度	3.9	–	–
展示方法	3.2	–	–
美観・清掃状況	3.2	–	–
待ち時間	2.6	3.8	3.8
接客態度	2.7	3.6	3.7
身だしなみ	3.4	3.9	3.6
マナー	3.4	3.9	3.7
親しみやすさ	3.4	3.7	3.4
説明のわかりやすさ	3.2	3.4	3.6
提案力	3.2	3.4	3.1
商品知識	3.1	3.8	3.9
事務手続きの手際	3.1	3.6	3.5

【工事】回答者の平均点

	エアコン班	電気設備班	水回り・リフォーム班
施工品質	3.5	3.8	3.7
接客態度	2.6	2.9	3.1
身だしなみ	2.3	2.6	2.6
マナー	2.8	3.3	3.4
親しみやすさ	2.9	3.4	3.5
説明のわかりやすさ	3.3	3.6	3.7
提案力	2.5	3.6	3.6
商品知識	3.5	3.8	3.7
訪問時間の正確さ	3.2	3.6	3.5

案件20

宛先：井上課長
発信：安富惣介
日付：U年8月13日
件名：業務支援システムの整備の提案

井上課長

お疲れ様です。安富です。今日は提案をさせていただきたいと思います。当店はモデル店舗に指定されていますので少しでもお役に立てればと思います。当社では、当店を含めた全ての店舗において極めて営業効率が悪い可能性があると思います。と言いますのは、現状はそれぞれの業務ごとに業務支援システムがあるものの、異なる部門間や事業間においてのデータの連携がほぼないため、営業上の有効な情報があったとしても活用しきれていない状況です。

それを解決するためには、全社的なプロジェクトを立ち上げ、データベースや業務支援システムの更新等を早急に行い、効率的な販売・営業体制を構築していくべきではないかと考えます。例えば、工事課の社員が設備の設置工事やメンテナンスを行う際に、当社で取り扱う他の機器のメーカー名や年式などを確認しシステムに入力し、その情報が営業課に流れる仕組みになっていれば、営業担当者はピンポイントでタイミング良く営業ができるはずです。

昨日、前職時代の仲間で業務支援システムに詳しい知人に相談したら、良い提案ができそうだとのことでした。宜しければ早速、システム概要の提案をしに当社に来てくれると言っていました。彼も忙しいようですのでタイミングを逸すると来社は難しくなるかも知れません。9月初旬くらいまでの間でいかがでしょうか。

70

第4章
課長レベルの方針設定とは

さて、この章からは、いよいよ第３章に掲載しましたインバスケット演習：「エアクリエート（株）横浜店　営業課長」の具体的な解説も含めて書いていきたいと思います。

　第４章は、少し（いや、相当）長いですが、マネジメントの重要なポイントを書いていますので、頑張って読んでください。

貴方のマネジメントのスタイルは？

　さて、演習を振り返っていきます。

Ｑ１　貴方は、「指示書」部分、および「案件（20 案件）」部分をどういう順序で読みましたか？

☐ 冒頭から最後まで順に読んだ
☐「指示書」を読んだ後、案件を読む順序は自分なりに優先順位をつけて読んだ
☐「指示書」を読んだ後、演習全体をパラパラと見た後に、計画を立てて読んだ
☐ 最初から、バラバラに好きな順序で読んだ

Ｑ２　貴方の案件処理の順序はどうでしたか？

☐ 案件１から順に処理した
☐ 自分なりに優先順位をつけて処理した
☐ 自分なりに優先順位と重み付け（時間をかける、力を入れる等）を行い処理した

Ｑ３　貴方の案件処理の件数はどうでしたか？

☐ 全案件の処理をした
☐ 全案件の処理はできなかった

ここで、すでに貴方のマネジメントのスタイルが出ます。

　Ｑ１の「どういう順序で読みましたか？」ですが、やはり優先順位を考えてから読み進めることが管理職には必要です。
　なぜなら、第２章で書きましたように「時間」は経営資源です。
　経営資源の特徴は、何でしたか？
　「限られている」でしたね。
　ですから、時間は、効果的・効率的に活用する必要があります。
　時間には限りがありますので（この演習は 120 分が制限時間）、優先順位付けをしながら読み進めることが必要です。

　また、情報を読む際には、ある程度、問題やポイントの目星をつけて、逆算的に読んでいくことが必要です（例：問題の原因はこの辺りにありそうだな、など）。
　そうすることでより効率的に情報のインプットや吟味ができます。

　Ｑ２の「案件処理の順序はどうでしたか？」ですが、やはりこちらも優先順位をつけたり、他の案件との関連性に着目したりしながら処理を行うべきです。
　なぜなら、案件１から番号順に処理をした場合、時間切れで重要な案件が手つかずのまま終わる可能性が出てきます。
　やはり、自身が重視すべきものや、未処理のままだとマイナス効果が高いもの・リスクが拡大するものなどを優先的に処理するべきです。
　さらには、急ぐものと、重視するものの切り分けも必要です。
　急ぐものとは、期日があるものが代表例です。
　重視するものは、未処理のままだとマイナス効果が高いものや、リスクが拡大するものなどが代表例です。
　そして、重視するものは手厚く処理を施すことも大切です。
　また、この案件処理の順序づけは、日ごろの受信メールの処理などでも同様の行動パターン（例：上から順番に見ていくなど）を持つ方が多いようです。ご自身でご確認ください。

　Ｑ３の「案件処理の件数はどうでしたか？」ですが、これはすべての案件処理をすればよいということではありません。

全件の案件処理をしたとしても、内容が特にないものや、先送りや、他者への丸投げばかりでは管理職として問題があると言わざるを得ません。
　一方、重要と考えられる案件の未処理は、業務の停滞やリスクの拡大が発生する可能性がありますので、こちらも管理職として問題があると言えます。

　さて、ここで業務の優先順位のつけ方の基本的な考え方を紹介させていただきます。

【図1】

業務の優先順位付けの例

緊急度	B：緊急・不要	A：緊急・重要
	□ ルーチンワーク □ 突然の来客 □ 電話対応 □ 定例の打ち合わせや会議 □ 報告や提出物 □ その他の雑事	□ クレーム処理 □ 事故・災害対応 □ 納期の迫った仕事 □ コンプライアンス違反
	D：不急・不要	C：不急・重要
	□ 待ち時間 □ メールの削除 □ 自己満足のための作業	□ 方針や戦略立案 □ 組織風土の改善 □ 準備・計画 □ 業務や品質の改善 □ 人材育成

重要度

　ただし、図1で例示したものは一般的な例であり、それぞれの組織の状況や、管理職である貴方の立ち位置や方針により優先順位は変わってきますので、図1を参考にしながらもご自身で考えることが必要です。

課長には何を重視して何を達成するのか、
具体的な方針が必要

さて、そろそろインバスケット演習:「エアクリエート（株）横浜店 営業課長」の内容についても触れていきます。

（1）貴方の立ち位置の確認

まずは、石川課長の立ち位置の確認です。
指示書および案件２から、以下が石川課長の**立ち位置**と言えます。

【指示書】
✧ 横浜店は、この４月、当社の３〜５年後を占うモデル店舗として指定された
✧ <u>横浜店での成否が当社全体の将来を左右すると言っても過言ではない</u>
✧ 君には、不退転の決意で臨んでもらいたい。<u>そのための支援は惜しまない</u>
【案件２】
✧ 当社の経営は転換点にさしかかっている。<u>何としても早急に業績のテコ入れを行い、成長軌道に戻さなければならない</u>
✧ 同時にビジネスモデルや、収益基盤の構造改革を断行しなければならない。そのためには経営戦略の見直しや、内部の組織改革も必要と考えている
✧ 横浜は、市場としては十分なポテンシャルがあり、ビジネスチャンスは無限大にある
✧ 市場環境や顧客ニーズの変化、内部環境を踏まえ、<u>前例にとらわれることなく、**新しいビジネスモデルや店舗の新たな運営スタイルの確立**、さらには、店舗のマネジメント機能の適正化</u>に力点を置いてほしい
✧ その成功をもって、当社の５〜10年のグランドデザインを描いていきたい

この立ち位置に照らして、どう考え、どうアクションをするかを貴方は考えなければなりません。

一方、立ち位置が不明確なまま案件処理に臨んだ場合は、組織から期待されていることとは違う対応や、期待外れの対応になってしまいます。

"立ち位置"は非常に重要です。

　そして課長には、「何を重視して何を達成するのか」という"立ち位置"に照らした具体的な方針や方向性が必要です。

（2）組織の方向性と自身の方針を検討する

　続いて、案件2について考えます。

　案件2は、本社・経営企画部の近藤部長からのメールです。

　ここでは、指示書に続いて、会社の経営に対する危機意識と貴方への期待が述べられています。

　そして最後の方に、「経営企画部に在籍した経験を生かし、その目線で今後の**横浜店の方向性**の腹案をまずは聞かせてもらいたい」と指示が出されています。

　　貴方は、どうしましたか？

☐ 少ない時間の中で、あまりにも難しいので、未処理にした
☐ 取り急ぎ、「頑張ります」などの気持ちだけを書いた
☐ 適当に方向性を示した
☐ インバスケット演習の全体から分析をして、自分なりの方向性を示した
☐ インバスケット演習の全体から分析をして、根拠を伴って自分なりの方向性を示した

　ここでは、物凄い期待をかけられた貴方の"立ち位置"に照らすと、何らかのアクションは欲しいところです。

　できれば、指示書および案件に書かれている情報全体を分析して、根拠を伴って方向性を導き出してほしいです（実際は、決められた短い時間内で分析まですることは難しいとは思います）。

　一方で、過度にリスクを考える傾向にある方は、ある程度考えたと

しても回答用紙に記述を避ける場合があります。

　人材アセスメントの場合は、指示書にも記載がある通り、思いついたことはなるべく記述した方が良いと思います。

　そして、ここで求められている方向性は、案件3以降の処理に影響を及ぼす場合があります。

　つまり、マネジメントを行う場合は、すべて方針や方向性に沿って対処することが重要です。

　インバスケット演習の案件処理をする際にも方針や方向性に沿った処理をすることが必要です。

　それが一貫性を持った対応と言えます。

　一方、方針や方向性がないまま、案件3以降に臨んだ場合は、一貫性を欠いた対応となりがちです。

　その場合は、部下など周囲からの信頼性にも悪影響を及ぼします。

貴方の職場にも、朝令暮改の上司や経営者はいませんか？

このような上司等は、通常は、「困った上司だ！」、「また始まった」、「どうせまたすぐに終わる」、「本気にしなくてもよい」、「適当に従う振りをしておこう」といったネガティブな反応をされることが多いと思います。

一方、戦国大名で有名な真田昌幸（大河ドラマでもやっていました）は、一旦は織田信長の家臣になりましたが、本能寺の変で信長がこの世からいなくなると、今度は誰につくか意見を変え続けたという話しがあります。その時、周囲からは「朝令暮改」だと批判を受けたそうですが、「朝令暮改の何が悪い！　より良い案が浮かんだのに、自分の体面のために、以前の方針に固執するのは愚か者のすることだ」と意に介さなかったとの逸話があります。これをマネジメント的に考えますと、自身の家を守るという大方針（目的）に沿った、対策（一手段）とも考えることができます。そういう意味では、一貫性はあるともいえるのではないでしょうか。

　では横浜店の方向性と方針を考えていきたいと思います。

　次ページ以降でエアクリエート（株）横浜店の内外の環境分析をしていきます。

　まずは、石川課長の立ち位置の確認と、エアクリエート（株）の全体像の確認です。

案件2	君の腹案を聞かせて欲しい

9/1　近藤経営企画部長から石川営業課長へ
上海への出発前の忙しい時間帯だが、**今後の横浜店の方向性の腹案**をまずは聞かせてもらいたい。

石川営業課長の立ち位置の確認

- 横浜店は、この4月、当社の3～5年後を占うモデル店舗として指定された（指示書）
- 横浜店での成否が当社全体の将来を左右すると言っても過言ではない（指示書）
- 君には、不退転の決意で臨んでもらいたい。そのための支援は惜しまない（指示書）
- 横浜は、市場としては十分なポテンシャルがあり、ビジネスチャンスは無限大にある（案件2）
- 当社の経営は転換点にさしかかっている。何としても早急に業績のテコ入れを行い、成長軌道に戻さなければならない（案件2）
- 同時にビジネスモデル、収益基盤の構造改革を断行しなければならない。そのための経営戦略の見直しや、内部の組織改革も必要（案件2）
- 市場環境や顧客ニーズの変化、内部環境を踏まえ、前例にとらわれることなく新しいビジネスモデルや店舗の新たな運営スタイルの確立、さらには店舗のマネジメント機能の適正化に力点を置いてほしい（案件2）
- その成功をもって、当社の5～10年のグランドデザインを描いていきたい（案件2）

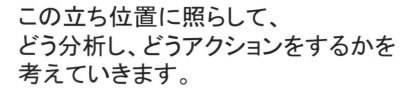

この立ち位置に照らして、
どう分析し、どうアクションをするかを
考えていきます。

前ページに、石川課長の立ち位置の確認をするために、指示書と案件２からポイントを抜き出してまとめました。
　さて、石川課長は、どのような立ち位置でしょうか？

　石川課長は、今後のエアクリエート社の３〜５年後を占うモデル店舗の営業課長に抜擢されました。
　そして、横浜店での成否が当社全体の将来を左右すると言っても過言ではないとまで言われています。
　また近藤経営企画部長（以下、本文では「近藤部長」といいます）から「君には、不退転の決意で臨んでもらいたい」、「そのための支援は惜しまない」とも言われています。
　これらが石川課長の立ち位置です。
　したがって、**生半可な気持ちで臨んではマズイ**、また**思い切った手立てを打ってもよい**という設定になっています。
　しかし、**営業課長がそんなことまで考えていいのか？　といった疑問も。**案件２の下から３行目に以下の記述があります。
近藤部長から「経営企画部に在籍した経験を生かし、その目線で今後の横浜店の方向性の腹案を」。したがって、全社的な目線、経営的な目線で方向性を考えなければならいということになります。

人材アセスメントでは、次のような感想を受講者から聞きます。
「全くそんなことは、考えませんでした」、「読むのが精一杯で、ほとんど何をやれば良いのか分かりませんでした」、「自分の経験の範囲でできることだけをやりました」、「このインバスケット演習で、自分は何をやれば良いのか、分からないまま終わりました」
しかし、受講されるほとんどの方は企業や組織の中で、期待をかけられている方です。「自分がいつでも組織を率いていく」くらいの立ち位置を確立しておいて欲しいと思います。

　続いて次ページに、エアクリエート（株）の全体像の確認をするための図を載せています。
　ここでは、本来"あるべき姿"と"現状"とを並べて掲載しています。
　両者のギャップを明確にし、さらに石川課長の立ち位置も考慮すると、エアクリエート（株）および横浜店の今後の重要課題が浮かび上がってきます。

案件2	君の腹案を聞かせて欲しい

組織の全体像は？

（あるべき姿）

- 松平社長は、『我々が、生き残れる道は、経済環境、技術環境、消費者動向などの経営環境や、社会や時代の変化に対応してビジネスモデルや組織文化を果敢に変えていけるかどうかだ』（指示書）
- 経営理念「空調や生活関連事業を通して世の中に快適な環境を提供します。職場や生活空間の利用者の快適さに貢献するとともに、社員一人ひとりの生活を豊かにします」（指示書）
- ビジネス構造の変革を行いながら、成長軌道に戻す（案件2）
- 横浜店は、市場としては十分なポテンシャルがあるので、ビジネスチャンスをとらえる（案件2）

ギャップ

（現状）

- 当社の業績は、ここ数年成長が鈍化しつつあり横ばいの状態（指示書）
- 早急な**経営戦略**および**収益構造の抜本的な見直し**が求められている（指示書）
- 横浜店は、前期7百万円の営業利益しか上げられなかった。減少傾向。（案件1－B①）
- 今期は、**既に第2四半期に入っているが昨年までの業績の悪化傾向に歯止めがかかっていない状況。これでは何ら手立てを講じていないのと同じだ。**（案件9－A）

立ち位置

（重要課題）

①早急に業績のテコ入れを行い、成長軌道に戻すこと
②新しいビジネスモデルや店舗の新たな運営スタイルを確立すること
③店舗のマネジメント機能を適正化させること

さて、石川課長に課された重要課題は、何でしょうか？

　前ページに記載した通り、私なら、石川課長に課された重要課題を、主に以下の3つに絞り込みます。

① 早急に業績のテコ入れを行い、成長軌道に戻すこと
② 新しいビジネスモデルや店舗の新たな運営スタイルを確立すること
③ 店舗のマネジメント機能を適正化させること

　このように組織全体の方針や状況、自分への期待などから、自分が取り組むべき重要課題を明らかにすること（外さないようにすること）が、管理職にとって極めて重要です。

自身がやるべき重要課題を絞り込むことは、人材アセスメントにおいてももちろん重要ですので、必ず押さえてください。指示書や案件を丁寧に熟読すれば、だいたい分かると思います。その際、「自分に課される使命はなんだろう？」ということを念頭におきながら、読み込めば重要な情報をキャッチすることができるはずです。

　その上で、これらの重要課題を解決するための具体的な方向性と方針（何を目指して、何を重視して、何を行うのか）を設定する必要があります。
　それらが、各案件の処理を行う際の羅針盤になります。
　一方、羅針盤なく船を出航させてしまった場合（＝方針なく、案件処理をしてしまった場合）は、方向性のない場当たり的な航海（各案件処理）になってしまいます。

　具体的な方向性と方針は、インバスケット演習全体から導き出す必要がありますので、次ページ以降でさらに詳しくみていきます。
　まずは各事業の業界環境や組織の状況をみていきます。
　まずはエアコン事業です。

案件2	君の腹案を聞かせて欲しい

事業環境（エアコン事業）

（エアコン事業の業界環境）

【業務用エアコン】
- バブル崩壊以降は、リーマンショックなど景気動向にも左右されながら約60万台～80万台の間で推移（指示書）
- 需要は耐用年数に応じた更新需要が中心。→横這い状態 （指示書）
- V年の「五輪」に向けて業務用エアコン市場は拡大することが見込まれている（→一時は上がる）。しかし、その後は新築数の落ち込みによる悪影響が懸念されている（指示書）
- 今後はAIやIOTを活用した高付加価値化が進み、業務用および家庭用ともにエアコン市場は新たな局面を迎えるとの予測もある（指示書）
- 業務用エアコンは工事単価が高い（案件8）

【家庭用エアコン】
- リーマンショック以降は、回復し900万台まで成長が続いている（指示書）
- 今後の見通しとしては、1世帯あたりの保有台数の増加や、温暖化など異常気象の影響で市場の逓増が見込まれる（指示書）
- 住宅分野における全館空調システムで、その普及が進むにつれ価格が下がり今後堅調に市場が拡大すると予想されている（指示書）
- 大手家電量販店から受注している家庭用エアコンは、工事単価が低い（案件8）

【共通】
- 横浜店のエアコン事業は、前期は0.9百万円の赤字（案件1－B②）

案件2　　君の腹案を聞かせて欲しい

事業環境（エアコン事業）

（組織の状況）

- 法人営業係（7名）、個人営業係（7名）、工事係エアコン班（10名）（案件1－C）
- 工事課長　永倉伸吾：やや頑固で昔ながらのやり方に固執することがあり、**環境変化に柔軟に対応する事がやや苦手**。経験のないことの意思決定は先送りしがち。（案件1－D）
- 法人営業係長　清原清二：やや視野が狭く、**従来型の営業スタイルに固執**する時もある。また自身の仕事の領域以外のことには関心が薄く、他の課や係への情報提供などの情報連携が不十分。（案件1－D）
- 法人営業係　主任　篠原泰進：**成果獲得への執着は突出**している。自ら家電量販店などへ小まめに顔を出し、家庭用エアコンや業務用エアコンの受注を獲得している。（案件1－D）
- 篠原主任は、パワハラの問題も発生させている（案件12）
- 工事課と営業課で**意見が違う部分**がある（案件8、16）
- 家庭用エアコンは、エアコンの販売は大手家電量販店が行い、当社は設置工事をするだけなので**工事単価が低い**です。（案件8、16）
- 工事課の人たちは、現場での提案営業や、顧客サービスやクレンリネスへの意識が不足する。時々**クレーム**が入ることもある（案件10）
- エアコン班では繁忙期には工事が集中し、**国が定めた過労死ラインの基準を超える長時間労働**も発生しているようです。勤怠データ（出勤日数、労働時間等）上は、決められた残業手当の範囲内で申告を行ってきますが、**どうみても少なめに申告**しているように感じます。（案件10）
- 営業課の法人営業係では、**昔ながらの営業習慣**を踏襲しており、"とにかく、**売上を上げろ**"のかけ声で、体育会系的な乗りで業務を行っており（案件10）
- 我々としては売上高を最大限確保することが最大の使命だと認識しています（案件16）

案件2	君の腹案を聞かせて欲しい

事業環境（エアコン事業）

【横浜店-エアコン事業】
U年3月末現在 　　　　　　　　　　　　　　　　（単位：百万円）　（案件1-B②）

	Q年3月	R年3月	S年3月	T年3月	U年3月
売上高	670	651	645	623	640
売上原価	508.5	496.7	493.4	482.2	499.2
売上総利益	161.5	154.3	151.6	140.8	140.8
販管費	133.25	135.85	138.45	140.4	141.7
営業利益	28.2	18.4	13.1	0.4	▲ 0.9

※間接部門等の経費は、事業ごと人件費割合に応じて按分し販管費に配賦した

どう分析しましたか？

- ✓ 時系列で流れをみます（売上高、利益金額など）
- ✓ 金額の比較だけでは不十分です。比率を算出しましたか？

【横浜店-エアコン事業】
U年3月末現在 　　　　　　　　　　　　　　　　（単位：百万円、%）

業界環境に一致

	Q年3月	R年3月	S年3月	T年3月	U年3月
売上高	670	651	645	623	640	←逓減
売上原価	508.5	496.7	493.4	482.2	499.2
売上総利益	161.5	154.3	151.6	140.8	140.8	←逓減
売上総利益率	24.1%	23.7%	23.5%	22.6%	22.0%	←徐々に悪化傾向
販管費	133.25	135.85	138.45	140.4	141.7	←増加傾向
営業利益	28.2	18.4	13.1	0.4	▲ 0.9	←前期から赤字に

84

まず82～83ページでは、エアコン事業について、業界環境や組織の状況に関する定性情報（※）を抜き出して箇条書きにしました。

次いで、84ページでは、案件1－B②に記載があったエアコン事業の売上高や利益などの表と、それを分析した表を載せました。

こういった数字情報などを定量情報（※）といいます。

※定性情報とは、定量情報以外の情報で、数値化できない情報のことです。
（文章、画像など）

※定量情報とは、数値化が可能で集計や分析が可能な情報のことです。
（売上高、アンケート結果など）

このような定性情報や定量情報を組み合わせて分析することで現状把握を行います。

また今後の方向性や方針を導き出していくことになります。

82～83ページに記載した定性情報は、指示書や各案件からそのまま抽出しています。

一方、84ページ中央から下では、案件1－B②に記載があったエアコン事業の売上高や利益などの表の分析を行っています。

さて、**貴方はどう分析しましたか？**

- □ U年3月期の売上高のみ確認した
- □ U年3月期の売上高と営業利益のみ確認した
- □ U年3月期の営業利益が赤字であることを確認した
- □ 時系列で売上高や売上総利益、営業利益の流れをみた
- □ 売上総利益率や営業利益率を算出した
- □ 時系列で売上総利益率や営業利益率の流れをみた
- □ その上で、定性情報との整合性を確認した
- □ 傾向性を確認し、今後の予測につなげようとした
- □ この表はエアコン事業の合算の数値となっており、これでは不十分と考え、業務用エアコンと家庭用エアコンそれぞれの業績が分かる情報の提供を求めようとした

定量情報を分析する際には、以下が留意ポイントです。

➤ 時系列で流れをみる
  傾向を把握できる場合があります

➤ 金額だけでなく、比率でもみる
  悪化あるいは良化の要因を把握できる場合があります

➤ さらに細分化した情報をみる
  悪化あるいは良化の要因を把握できる場合があります
  （例：業務用エアコンと家庭用エアコンそれぞれの業績が分かる情報）

　さて、本題に戻りましょう。84 ページの表から、横浜店－エアコン事業の定量情報を分析すると、以下のようなことが分かってきます。

［定量情報の分析］

・売上高は、逓減傾向
　そしてこれは82 ページに記載したエアコン事業の業界環境（バブル崩壊以降は、リーマンショックなど景気動向にも左右されながら約 60 万台〜80 万台の間で推移）に一致しています。
・売上総利益も、上記と同様に逓減傾向
・売上総利益率は、徐々に悪化傾向
　（ここで、「何でだろう？　ひょっとしたら、工事単価が高い業務用エアコンの受注が減少し、工事単価が低い家庭用エアコンの受注が増加したため、売上総利益率が悪化したのかもしれない……」
　ここまで想像することができた方がいましたら素晴らしい！　と思います）
・販管費は、増加傾向
・営業利益は、悪化傾向で、前期は赤字 0.9 百万円

　次に、82〜83 ページに記載した定性情報と上記の定量情報の分析を踏まえて、エアコン事業について、さらに分析をしていきます。

案件2	君の腹案を聞かせて欲しい

事業環境（エアコン事業）

前ページまでの情報、あるいは他の情報から判断していきます。

【分析】

- ○　エアコン事業は厳しい。しかし売上高のうち約65%をしめる事業である
- ○　AIやIOTを活用した高付加価値化が進むと、新たな局面を迎える予測がある
- ○　住宅分野における全館空調システムで、その普及が進むにつれ価格が下がり今後堅調に市場が拡大するとの予想がある
- ○　業務用エアコンは、工事単価が高い
- ×　家庭用エアコンは、エアコンの販売は大手家電量販店が行い、当社は設置工事をするだけなので工事単価が低いと言う社員がいる
- ×　工事課長は、やや頑固で昔ながらのやり方に固執
- ×　法人営業係長は、従来型の営業スタイルに固執する時もある
- ×　法人営業係長は、売上高を最大限確保することが最大の使命だと認識している
- ×　法人営業係の主任は、成果獲得への執着は突出しているが、売上重視で採算度外視の可能性がある
- ×　篠原主任はパワハラの問題を発生させている
- ×　工事課では、提案営業や顧客サービスやクレンリネスへの意識が不足。時々クレームが入ることもある
- ×　工事係のエアコン班で国が定めた過労死ラインの基準を超える長時間労働が発生している可能性
- ×　工事課と営業課で、エアコンの受注について意見の相違がある
- ×　マネジメント機能は適正化されているか疑問？

※　○はプラス材料、×はマイナス材料

前ページでは、エアコン事業について、82～83ページに記載した定性情報と、84ページの定量情報の分析を踏まえて、さらに分析をしています。
　プラス材料になる情報には○を、マイナス材料になる情報には×を符っています。

　ここでは、少し仮説（※）も使っています。
　例えば、次の事柄です。

・「業務用エアコンは、工事単価が高い」
・「法人営業係の主任は、売上重視で採算度外視の可能性がある」
・「マネジメント機能は適正化されているか疑問？」

　そのような情報はありますが、本当かどうかは検証が必要です。

※仮説とは、仮の答え、仮に立てる説、の意味で使っています。
例：この事業はこうすれば儲かるはずだ。
　　この問題の原因はここにあるかもしれない。
　　など

仮説の考え方・立て方の例

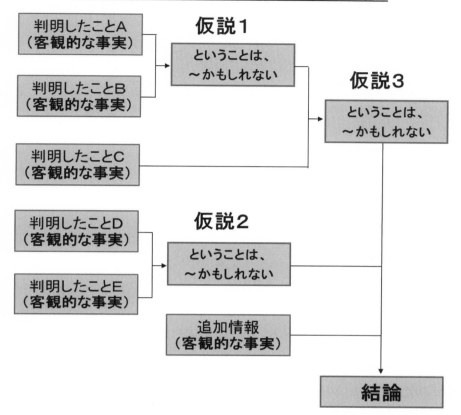

なお、仮説は必ず検証を行います

ちなみに、インバスケット演習では、不明な情報も多いため、仮説を使うことが必要だと私は考えています。ただし、指示文および各案件にある複数の情報をしっかりと精査したうえで、それと紐付けながら慎重に仮説の設定、およびその検証をすることが必要です。多くの事実や仮説の積み上げがあればより信頼性は高まります。一方、思いつきはＮＧです。

　さて、本題に戻りましょう。
　次は87ページの分析を踏まえて、エアコン事業の今後の方向性を導き出します。

案件2	君の腹案を聞かせて欲しい

事業環境（エアコン事業）

前ページまでの分析から以下の方向性を導きだします。

【今後の方向性の例】

- ➢ マネジメント機能の適正化を行う（課長、係長、主任）
- ➢ 横浜店の方向性や目標を明確化し、管理職同士の意識合わせをし、営業課と工事課が協力して業務を行う
- ➢ 売上重視の営業体制から、利益・採算重視の営業体制に転換する
- ➢ 工事単価が高い業務用エアコンの受注を拡大する
- ➢ 一方、工事単価が低い、大手家電量販店経由の受注は縮小する
- ➢ そのためには、法人営業係では、大手家電量販店向けの安易な営業は縮小する
- ➢ また大手家電量販店から業務用エアコンなど他の製品分野の受注を受けられないかも検討する
- ➢ AIやIOTを活用した高付加価値化の製品や、住宅分野における全館空調システムなどの販売体制を強化した上で、今後売上高を拡大していく
- ➢ 工事課のメンバーに対して現場での提案営業や顧客サービスやクレンリネスに関する教育を徹底する
- ➢ 労務管理では長時間労働やパワハラの問題も発生しているので、その問題解決を早急に実施する
  など

※但し、これらは一例です。

前ページでは、エアコン事業について、今後の方向性の例を示しています。
　方向性の"例"としているのは、解はこれ以外にあっても良いという意味です。
　組織目標を達成することが、マネジメントを担う管理職や経営幹部の使命ですが、それを達成するための手段は、違っても良いということです。

　さらにいえば、100%正解の解はないのです。

　それは多くの企業が既に証明しています。
（例）
・成功すると思って考えた経営戦略が大失敗に終わった
・間違いなく成長が見込まれると思って大型の投資をしたが、減損処理する事態になってしまった

　ただし、ビジネスの世界では、なるべく成功の確率が高いものを導き出すことが求められます。

何故、成功確率が高いものを導き出す必要があるのでしょうか？

　既に書きましたように組織の経営資源は限られているからです。

　例えば、部下が100人いる場合、100人の部下（経営資源）は貴方が決めた方向性に向けて動くことになります。
　そして、100人の部下が動けば、100人分の人件費や時間（経営資源）がかかります。
　1,000人の場合は、1,000人の部下が動きます。

　このように限られた経営資源を動かすことになるからです。
　したがって、なるべく成功する可能性が高い方向性や重要課題を慎重に導き出すことが求められます。

　これは部下が多ければ多いほど、動かす他の経営資源が多ければ多いほど、その責任は重くなっていきます。

なるべく成功する可能性が高い方向性や重要課題を導き出すためには、

　事実情報を丁寧に拾い集めて、しっかりと**整理・分析**して、論理的に結論づけることが必要です。

【図3】　方向性・重要課題の設定の思考プロセス

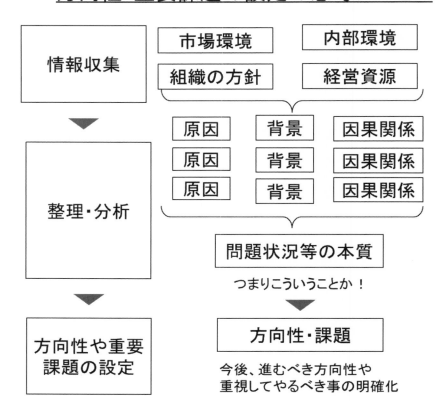

　さて、本題に戻りますが、90ページに記載した「今後の方向性の例」は、エアコン事業について示したものです。

　仮置きとお考えください。

　横浜店全体の今後の方向性は、各事業の分析をすべて行ったあとに、まとめていきたいと思います。

　次は、電気設備事業の業界環境や組織の状況をみていきます。

| 案件2 | 君の腹案を聞かせて欲しい |

事業環境（電気設備事業）

（電気設備事業の業界環境）

- LED照明は、V年をピークに市場は縮小に向かうとの予測がある（指示書）
- 太陽光蓄電設備は、Z年（5年後）の市場規模は、R年（3年前）と比較して約5倍を超えるとの予測結果が出ており、特需が見込まれている（指示書）
- 売上高はここ2年は低下傾向、利益は減少傾向（案件1－B②）

（組織の状況）

- 法人営業係（7名）、個人営業係（7名）、工事係電気設備班（4名）（案件1－C）
- 個人営業係主任の安富惣介は、太陽光蓄電設備に精通した人材。また、AIなどITにも強く、データを活用した効率的な営業方法などアイディアはもっているようだ（案件1－D）
- 太陽光蓄電設備関係の勉強会が開催される（案件3）
- 電気設備や水回り・リフォームなどの技術が高い社員もいる（案件8）
- 個人営業係では得意分野を持った社員がいるが個々の社員がやや単独で動いている（案件10）
- 個人営業係では既存顧客へのフォローアップや再販売などがおざなり（案件10）
- 立派なショールームがあるのに生かしきれていない感じがする（案件10）
- ショールームへの来店客数が伸び悩んでいる（案件14）
- 部下が上司に前向きな提案をするが、取り合ってもらえなかった（案件14）
- ショールームの来店顧客からクレームが発生している（案件15）
- アンケート調査において、ショールームの評価が低い（案件19－B）
- それぞれの業務ごとに業務支援システムがあるものの、異なる部門間や事業間においてのデータの連携がほぼないため、営業上の有効な情報があったとしても活用しきれていない状況（案件20）

案件2	君の腹案を聞かせて欲しい

事業環境（電気設備事業）

【横浜店−電気設備事業】
U年3月末現在　　　　　　　　　　　　　　　　（単位：百万円）　　　　（案件1−B②）

	Q年3月	R年3月	S年3月	T年3月	U年3月
売上高	160	165	171	168	160
売上原価	124.2	128.4	133.6	131.2	125.4
売上総利益	35.8	36.6	37.4	36.8	34.6
販管費	30.75	31.35	31.95	32.4	32.7
営業利益	5.1	5.3	5.5	4.4	1.9

※間接部門等の経費は、事業ごと人件費割合に応じて按分し販管費に配賦した

【横浜店−電気設備事業】
U年3月末現在　　　　　　　　　　　　　　　（単位：百万円、％）

	Q年3月	R年3月	S年3月	T年3月	U年3月	
売上高	160	165	171	168	160	←右肩上がりだったが前々期から減少
売上原価	124.2	128.4	133.6	131.2	125.4	
売上総利益	35.8	36.6	37.4	36.8	34.6	←上記と同じ
売上総利益率	22.4%	22.2%	21.9%	21.9%	21.6%	←逓減
販管費	30.75	31.35	31.95	32.4	32.7	←やや増加傾向
営業利益	5.1	5.3	5.5	4.4	1.9	←売上高が上がれば黒字可能

事業環境（電気設備事業）

【太陽光蓄電設備市場予測】

（案件11－B①）

（単位：億円）

	U年	V年	W年	X年	Y年	Z年
公共産業用蓄電設備市場	200	400	600	700	800	1,000
住宅用/業務用蓄電設備市場	1,000	1,300	1,700	2,200	2,500	2,700

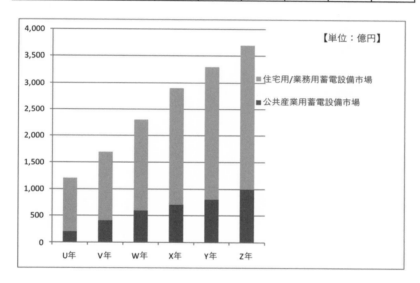

・ 住宅用／業務用蓄電設備市場は、増加の見通しがある

まず93ページでは、電気設備事業について、業界環境や組織の状況に関する定性情報を抜き出して箇条書きにしました。

　定性情報は、指示書や各案件からそのまま抽出しています。

　次いで、94ページでは、案件1－B②に記載があった電気設備事業の売上高や利益などの表と、それを分析した表を載せました。

　さらに、95ページでは、案件11－B①に記載があった太陽光蓄電設備市場の予測のデータおよびグラフと、それを分析したコメントを載せました。

［定量情報の分析］

　分析方法は、エアコン事業と同様です。

　94ページの表から、横浜店－電気設備事業の定量情報を分析すると、以下のようなことが分かってきます。
・売上高は、右肩上がりだったが前々期から減少している
・売上総利益も、一旦高まったが、ここ2年は悪化傾向
・売上総利益率は、逓減傾向
・販管費は、やや増加傾向
・営業利益は、減少傾向。
　ただし売上高が上がれば黒字可能と思われる

　前ページの太陽光蓄電設備市場の予測のデータおよびグラフから、住宅用／業務用蓄電設備市場は、増加の見通しがあることが確認できます。

　これは指示書に記載があった「太陽光蓄電設備は、Z年（5年後）の市場規模は、R年（3年前）と比較して約5倍を超えるとの予測結果が出ており、特需が見込まれている」という情報と一致しており、信頼性が高いと判断することができます。

　次に、93〜95ページに記載した定性情報および定量情報と、上記の定量情報の分析を踏まえて、電気設備事業について、さらに分析をしていきます。

案件2	君の腹案を聞かせて欲しい

事業環境（電気設備事業）

前ページまでの情報、あるいは他の情報から判断していきます。

【分析】

○　電気設備事業は、太陽光蓄電設備の需要増加が市場予測からの期待できる
○　個人営業係主任の安富惣介は、太陽光蓄電設備に精通した人材
○　電気設備や水回り・リフォームなどの技術が高い社員もいる
×　事業間の情報の連携がなされていない可能性がある
×　ショールームの運営に問題がありそう
×　個人営業課は、コミュニケーションや連携が不十分な可能性がある
×　既存顧客への対応が不十分
×　ユーザーに提案しきれていない可能性がある
×　マネジメントにも問題がありそう

※　○はプラス材料、×はマイナス材料

前ページでは、電気設備事業について、93 ページに記載した定性情報と、94〜95 ページの定量情報の分析を踏まえて、さらに分析をしています。
　　プラス材料になる情報には○を、マイナス材料になる情報には×を符っています。

　　ここでも、少し仮説を使っています。
　　例えば、次の事柄です。

・個人営業係では既存顧客へのフォローアップや再販売などがおざなり
・アンケート調査において、ショールームの評価が低い
・営業上の有効な情報があったとしても活用しきれていない状況
　　　　　↓
（結果）
「ユーザーに提案しきれていない可能性がある」

　　また、
・個人営業係では得意分野を持った社員がいるが個々の社員がやや単独で動いている
・立派なショールームがあるのに生かしきれていない感じがする
・部下が上司に前向きな提案をするが、取り合ってもらえなかった
・ショールームの来店顧客からクレームが発生している
・アンケート調査において、ショールームの評価が低い
・異なる部門間や事業間においてのデータの連携がほぼない
　　　　↓
（結果）
「マネジメントにも問題がありそう」
　　そのような情報はありますが、本当かどうかは検証が必要です。

　　次は前ページの分析を踏まえて、電気設備事業の今後の方向性を導き出します。

案件2	君の腹案を聞かせて欲しい

事業環境（電気設備事業）

前ページまでの分析から以下の方向性を導きだします。

【今後の方向性の例】

> ➢太陽光蓄電設備は、特需が期待できるので販売体制を強化する
> ➢個人向けの営業については、ショールームを核とした来店促進策を検討し実施する
> ➢また既存顧客への対応を強化する
> ➢マネジメント機能の適正化を行い組織の風通しを良くする（課長、係長、主任）
> ➢部門間の連携を強化し情報の共有化を行い営業の効率化を目指す
> など

※但し、これらは一例です。

　上記で、電気設備事業について、今後の方向性の例を示しています。

　次は、水回り・リフォーム事業の業界環境や組織の状況をみていきます。

案件2	君の腹案を聞かせて欲しい

事業環境（水回り・リフォーム事業）

（水回り・リフォーム事業の業界環境）

- キッチン関係ではピークを過ぎ逓減傾向、バス関係では横ばい傾向、トイレ関係では増加傾向、エコキュート関係では増加傾向で今後10年程度は市場が成長する予測がある（指示書）
- "水まわり専門店"の店舗開設が増加。石油・ガス会社や有力リフォーム会社などが、こぞって水まわり専門店を開設している（指示書）
- 売上高は、増減を繰り返している。利益も、増減を繰り返している（案件1－B②）
- 売上総利益率は、3事業の中で一番高い。（案件1－B②）
- 水まわり専門店が我々の担当エリア内でも続々と登場し始めている。来店客が予算に合ったものを選びやすいように工夫をしている（案件17）
- 一方、当店はショールームを併設しているが、従来型の製品種類ごとの展示方法で訴求力が弱い。と言う意見がある（案件17）

| 案件2 | 君の腹案を聞かせて欲しい |

事業環境（水回り・リフォーム事業）

（組織の状況）

- 法人営業係（7名）、個人営業係（7名）、工事係水回り・リフォーム班（6名）（案件1－C）
- 個人営業係長の沖田修司は、特に個人向けの水回り・リフォーム事業に精通している（案件1－D）
- 個人営業係主任の安富惣介は、AIなどITにも強く、データを活用した効率的な営業方法などアイディアはもっているようだ（案件1－D）
- 電気設備や水回り・リフォームなどの技術が高い社員もいる（案件8）
- 個人営業係では得意分野を持った社員がいるが個々の社員がやや単独で動いている（案件10）
- 個人営業係では既存顧客へのフォローアップや再販売などがおざなり（案件10）
- 立派なショールームがあるのに生かしきれていない感じがする（案件10）
- ショールームへの来店客数が伸び悩んでいる（案件14）
- 部下が上司に前向きな提案をするが、取り合ってもらえなかった（案件14）
- ショールームの来店顧客からクレーム発生している（案件15）
- アンケート調査において、ショールームの評価が低い（案件19－B）
- それぞれの業務ごとに業務支援システムがあるものの、異なる部門間や事業間においてのデータの連携がほぼないため、営業上の有効な情報があったとしても活用しきれていない状況（案件20）

案件2	君の腹案を聞かせて欲しい

事業環境（水回り・リフォーム事業）

【横浜店-水回り・リフォーム事業】
U年3月末現在　　　　　　　　　　　（単位：百万円）　（案件1－B②）

	Q年3月	R年3月	S年3月	T年3月	U年3月
売上高	190	185	189	199	180
売上原価	137.4	133.8	137.7	143.9	130.0
売上総利益	52.6	51.2	51.3	55.1	50.0
販管費	41	41.8	42.6	43.2	43.6
営業利益	11.6	9.4	8.7	11.9	6.4

※間接部門等の経費は、事業ごと人件費割合に応じて按分し販管費に配賦した

【横浜店-水回り・リフォーム事業】
U年3月末現在　　　　　　　　　　　（単位：百万円、%）

	Q年3月	R年3月	S年3月	T年3月	U年3月	
売上高	190	185	189	199	180	←増減繰り返し
売上原価	137.4	133.8	137.7	143.9	130.0	
売上総利益	52.6	51.2	51.3	55.1	50.0	←上記と同じ
売上総利益率	27.7%	27.7%	27.1%	27.7%	27.8%	←3事業で一番高い
販管費	41	41.8	42.6	43.2	43.6	←逓増
営業利益	11.6	9.4	8.7	11.9	6.4	←悪化傾向だが、黒字確保

君の腹案を聞かせて欲しい

事業環境（水回り・リフォーム事業）

【新設住宅着工戸数市場予測】

（案件11－B②）

（単位：万戸）

	U年	V年	W年	X年	Y年	Z年
新設住宅着工戸数市場	82	80	78	75	73	70

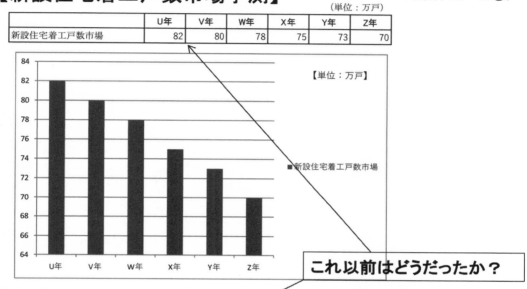

これ以前はどうだったか？

【住宅リフォーム市場予測】

（案件11－B②）

（単位：兆円）

	U年	V年	W年	X年	Y年	Z年
住宅リフォーム市場	6.2	5.6	5.8	6.0	6.1	6.2

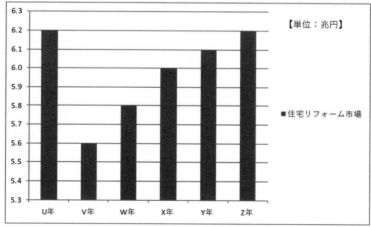

案件2	君の腹案を聞かせて欲しい

事業環境（水回り・リフォーム事業）

前ページの市場予測情報を以下のように考えます

- 新設住宅着工戸数は減少が予測されているが、**住宅リフォーム市場は回復が予測**されている。

- U年度より前の実績はどうだったか？
  ←これが分れば、水回り・リフォーム事業の売上高減少の要因分析ができる可能性があります。
  （※追加資料を要求しましたか？）

- つまり、市場の変化に連動して水回り・リフォーム事業の売上高が減少したのか、それとも内部の何らかの問題が原因で売上高が減少したのかを知ることができる可能性があります。

まず100〜101ページでは、水回り・リフォーム事業について、業界環境や組織の状況に関する定性情報を抜き出して箇条書きにしました。定性情報は、指示書や各案件からそのまま抽出しています。

　次いで、102ページでは、案件１−Ｂ②に記載があった水回り・リフォーム事業の売上高や利益などの表と、それを分析した表を載せました。

　さらに、103〜104ページでは、案件11−Ｂ②に記載があった新設住宅着工戸数市場予測および住宅リフォーム市場予測のデータおよびグラフと、それを分析したコメントを載せました。

[定量情報の分析]

　102ページの表から、横浜店−水回り・リフォーム事業の定量情報を分析すると、以下のようなことが分かってきます。
・売上高は、増減を繰り返している
・売上総利益も、上記と同様
・売上総利益率は、３事業で一番高く27.8%
・販管費は、逓増している
・営業利益は、悪化傾向。ただし黒字は確保している
・営業利益額も３事業で一番高い

　103ページの新設住宅着工戸数市場予測のデータおよびグラフから、新設住宅着工戸数は今後減少が予測できる。
　一方、住宅リフォーム市場予測のデータおよびグラフから、住宅リフォーム市場は、Ｖ年に一旦落ち込むものの、その後は回復していくことが予測される。

　ここで、Ｕ年度より前の実績はどうだったか？
　気になった方は、ご立派です。
　それが分かれば、水回り・リフォーム事業の売上高減少の要因分析ができる可能性があります。
　つまり、新設住宅着工戸数市場や住宅リフォーム市場などマクロ的な経済環境の変化に連動して水回り・リフォーム事業の売上高が減少したのか、それとも内部の何らかの問題が原因で売上高が減少したのかを知ることができる可能性があります。

（マクロ経済要因と横浜店との関係）

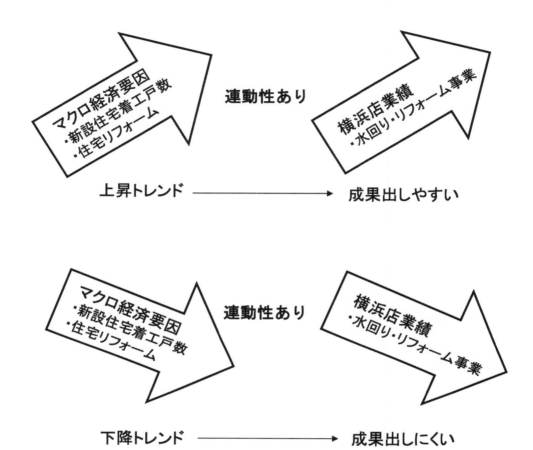

気になった方は、**追加資料を要求しましたか？**

　次に、100〜104 ページに記載した定性情報と定量情報の分析を踏まえて、水回り・リフォーム事業について、さらに分析をしていきます。

案件2	君の腹案を聞かせて欲しい

事業環境（水回り・リフォーム事業）

前ページまでの情報、あるいは他の情報から判断していきます。

【分析】

- × 水回り・リフォーム事業は、売上高の減少に伴って利益が減少している
- ○ しかし、利益率はほとんど変化していない
- ○ 沖田係長は、特に個人向けの水回り・リフォーム事業に精通している
- ○ 電気設備や水回り・リフォームなどの技術が高い社員もいる
- × 事業間の情報の連携がなされていない可能性がある
- × ショールームの運営に問題がありそう
- × 当店はショールームを併設しているが、従来型の製品種類ごとの展示方法で訴求力が弱い
- × 水まわり専門店が我々の担当エリア内でも続々と登場し始めている
- × 個人営業課は、コミュニケーションや連携が不十分な可能性がある
- × 既存顧客への対応が不十分
- × ユーザーに提案しきれていない可能性がある
- × マネジメントにも問題がありそう
- ○ エコキュート関係は増加傾向で今後10年程度は市場が成長する予測がある

※ ○はプラス材料、×はマイナス材料

前ページでは、水回り・リフォーム事業について、100〜101 ページに記載した定性情報と、102〜103 ページの定量情報の分析を踏まえて、さらに分析をしています。

　プラス材料になる情報には〇を、マイナス材料になる情報には×を符っています。

　ここでも、少し仮説を使っています。
　例えば、次の事柄です。電気設備事業と同様の部分もあります。

「水回り・リフォーム事業は、売上高の減少に伴って利益が減少しているので、売上高を確保できれば利益を増加させることができるのではないか」
「ユーザーに提案しきれていない可能性がある」
「マネジメントにも問題がありそう」

　そのような情報はありますが、本当かどうかは検証が必要です。

　次は前ページの分析を踏まえて、水回り・リフォーム事業の今後の方向性を導き出します。

案件2	君の腹案を聞かせて欲しい

事業環境（水回り・リフォーム事業）

前ページまでの分析から以下の方向性を導きだします。

【今後の方向性の例】

> エコキュート関係は、今後の成長が期待できるので販売体制を強化する
> 水回り・リフォーム事業は、売上高を確保できれば利益を増加させることができる
> 組織が機能すれば、業績を回復させることができる可能性はありそう
> 個人向けの営業については、ショールームを核とした来店促進策を検討し実施する
> また既存顧客への対応を強化する
> マネジメント機能の適正化を行い組織の風通しを良くする（課長、係長、主任）
> 部門間の連携を強化し情報の共有化を行い営業の効率化を目指す　など

※但し、これらは一例です。

　上記で、水回り・リフォーム事業について、今後の方向性の例を示しています。

　ここまで、少し長くなりましたが、各事業の業界環境や組織の状況の分析を行ってきました。
　大変お疲れ様でした！

　さて、ここからは石川課長に課された重要課題を解決するための、今後の方向性や方針をまとめていきたいと思います。
　ここでの結論が案件2の回答となる腹案ということになります。

案件2	君の腹案を聞かせて欲しい

9/1　近藤経営企画部長から石川営業課長へ
上海への出発前の忙しい時間帯だが、今後の横浜店の方向性の
腹案をまずは聞かせてもらいたい。

まとめ

石川営業課長に課された重要課題

{
①新しいビジネスモデルの確立
②店舗のマネジメント機能の適正化

結果

⬇

③業績を成長軌道に戻す

①新しいビジネスモデルの確立

考え方のポイント {
➢ 中心的な事業をどれにするか？
➢ その際は、事業の選択と集中が必要
➢ なぜ？
➢ 経営資源は限られているから

前ページでは、案件２のまとめとして、石川課長に課された重要課題の整理を再度行っています。
　重要課題は、以下の３つになります。

① 新しいビジネスモデルの確立
② 店舗のマネジメント機能の適正化
③ 結果として、業績を成長軌道に戻す

　これは81ページで書いたものより、さらにシンプルにしています。
　前ページの下の方には、①の新しいビジネスモデルの確立を検討するにあたっての考え方のポイントを書き出しました。
　"新しいビジネスモデル"は、"ビジネスの新しい方向性"という意味に置き換えることができます。
　もちろん、「儲け」が出ることが前提です。
　エアクリエート社は、エアコン事業以外にもさまざまな事業を多角的に展開している会社です。
　以前はエアコン事業を中心にしたビジネスモデルで成長してきたのですが、経営環境が変化する中で、同じモデルでは既に限界が来ている可能性があります。
　そのような中で、事業の中心軸を動かしていくというイメージです。

　考え方のポイントとして、まずは今後の中心的な事業をどれにしていくかということです。
　そして、その際には"選択と集中"という考え方が必要です。
　なぜなら、経営体力に勝る巨大企業（業界No.１企業など）であれば、全方位に経営資源を投入しても良いかも知れませんが、通常は、経営資源は限られていますので、有望かつ利益が見込める分野を選んで、その分野に経営資源を集中的に投入するというのが経営のセオリーだからです。

たまに、"集中と選択"と逆に使う方がいますが、間違えないようにしてください
ね。やるべき事業を選択したうえで、経営資源を集中的に投下していくという意
味です。

　さて、今後の中心的な事業をどれにしていくべきか次ページ以降
で、さらに検討していきましょう。

　　　　　君の腹案を聞かせて欲しい

事業	売上高	利益	利益率	将来性	工事課人数
エアコン	多い	赤字	低い	？	10
（業務用）	？ 減少傾向	？	高い？	横ばい （※注1）	
（家庭用）	？ 増加傾向	？	低い？	増加見通し （※注2）	
電気設備	少ない	黒字 （小）	低い	高い （※注3）	4
水回り・リフォーム	少ない	黒字	高い	高い （※注4）	6

※問題があれば、解決する事を前提として、どれを選択するか？

（各事業の将来性について）　〜これまでの情報のまとめ

※注1　業務用エアコン
　オリンピックに向けて一時拡大する予想あり
　AIやIOTを活用した高付加価値化ニーズに対応すればチャンスも

※注2　家庭用エアコン
　市場の逓増が見込まれる
　住宅分野における全館空調システムは今後堅調に市場が拡大すると予想されている

※注3　電気設備
　太陽光蓄電設備など、一部で特需が見込まれる

※注4　水回り・リフォーム
　エコキュート関係など、一部で市場が成長する予測がある

	案件2			君の腹案を聞かせて欲しい

	売上高	利益	利益率	人数
法人営業係	?	?	?	7
個人営業係	?	?	?	7

【法人営業】
- 法人営業係長の清原清二は、従来型の営業スタイルに固執する時もある。また自身の仕事の領域以外のことには関心が薄く、他の課や係への情報提供などの情報連携が不十分
- 法人営業係主任の篠原泰進は、成果獲得への執着は突出する一方、パワハラの問題も発生させている
- 法人営業係では、昔ながらの営業習慣を踏襲しており、"とにかく、売上を上げろ"のかけ声で、売上重視の営業体制の可能性がある
- 工事単価が高い業務用エアコンの受注にもっと注力すべきとの意見がある

【個人営業】
- 個人営業係長の沖田修司は、特に個人向けの水回り・リフォーム事業に精通している
- 個人営業係主任の安富惣介は、太陽光蓄電設備に精通した人材。またAIなどITにも強くデータを活用した効率的な営業方法などアイディアがありそう
- 電気設備や水回り・リフォームなどの技術が高い社員もいますので、そちらの受注も強化して欲しいとの意見がある
- 立派なショールームがあるのにかかわらず、生かしきれていない状況
- コミュニケーションや連携が不十分な可能性がある
- 既存顧客への対応が不十分

113 ページの表は、これまでみてきました定性情報および定量情報をまとめたものです。
エアコン事業（業務用および家庭用）、電気設備事業、水回り・リフォーム事業の状況を一覧にしていますので、こうすると比較しやすいと思います。

なお指示書および各案件で不明なことは「？」としました。

また、ページの下の方には、各事業の将来性についてのポイントを書き出しました。
各事業には、それぞれ問題がありますが、問題があれば、解決することを前提として、「どれを選択するか」を検討します。

114 ページには、営業課を法人営業係と個人営業係に分けた表を掲載しました。ただし、各係の売上高、利益、利益率は指示書および各案件では、不明でした。
このあたりの情報も欲しいところです。

また、114 ページの下の方には、法人営業と個人営業それぞれにおける、体質、発生問題、強み、弱みなどの情報をまとめてあります。

これらを総合的に勘案して、新しいビジネスモデルの方向性を検討することになりますが、117 ページに『「新しいビジネスモデルの確立」の方向性の例』を示しました。

【①新しいビジネスモデルの確立の方向性のポイント】

・中心的な事業は、今後有望な分野であり、かつ利益が見込めることが必要です。
また複数の情報をしっかりと確認することも必要です。
その上で、今後は「水回り・リフォーム事業を中心に強化していく」、また「特需が予想される太陽光蓄電設備（住宅用、業務用）の販売体制の強化を行う」という方向性としました。
水回り・リフォーム事業は、これまでの情報から売上高を確保する

ことができれば利益は見込めそうです。

・個人向け営業は、現状中途半端な体制やコミュニケーションの不備などでクレームや機会損失が発生している点、また競合企業の動向、さらには自社の経営資源を考慮し、「ショールームを核とした来店促進型の営業戦略に転換する」という方向性にしました。

・エアコン事業は、「ＡＩやＩＯＴを活用した高付加価値化の製品や住宅分野における全館空調システムなど」今後有望な分野に力を注ぐこととしました。
　また現状横浜店の売上高の約65％を占める事業であること、経営資源の強みも存在すること、さらに現状は売上重視の営業体制の可能性あることから、「売上重視から利益・採算重視の営業体制に転換し、利益の最大化を目指す」という方向性にしました。

・そして、これらを実現するためには、経営資源の再配置が必要なため、「組織および人的資源の組み替えを行う」という方向性を打ち出しました。

このようなケースで、たまに“エアコン事業は廃止”など、極端な方向性を示す方もいますが、実現可能性（当社の経営資源で本当にそんなことができるのか、社員はどうするのか等）や、その影響の大きさ（プラス面、マイナス面）なども考慮しながら、慎重に判断を行ってくださいね。また、何故そうするのか、しっかりとした根拠がともなっていることが必要です。

案件2	君の腹案を聞かせて欲しい

9/1　近藤経営企画部長から石川営業課長へ
上海への出発前の忙しい時間帯だが、**今後の横浜店の方向性の腹案**をまずは聞かせてもらいたい。

①「新しいビジネスモデルの確立」の方向性の例

1. 今後は、水回り・リフォーム事業を中心に強化していく

2. また特需が予想される太陽光蓄電設備（住宅用、業務用）の販売体制の強化を行う

3. 個人向けの営業については、ショールームを核とした来店促進型の営業戦略に転換する

4. エアコン事業は、AIやIOTを活用した高付加価値化の製品や住宅分野における全館空調システムなどの販売体制を強化したうえで、今後売上高の拡大を目指す

   また現状の基盤を生かしつつ、売上重視から利益・採算重視の営業体制に転換し、利益の最大化を目指す

5. そのための組織および人的資源の組み替えを行う

　さて次は、「店舗のマネジメント機能の適正化の方向性」について、検討していきましょう。

案件2	君の腹案を聞かせて欲しい

9/1　近藤経営企画部長から石川営業課長へ
上海への出発前の忙しい時間帯だが、**今後の横浜店の方向性の**
腹案をまずは聞かせてもらいたい。

②店舗のマネジメント機能の適正化
（問題点と原因）

問題点	原因
課長・係長・主任の**マネジメントが機能していない** →結果、業績低迷やあらゆる問題につながっている	危機感の欠如、教育不足
3事業間・組織間で**情報の共有化が不十分** →結果、営業効率が悪い可能性がある	意識がない、教育不足、仕組ない マネジメントが機能していない
ショールームの対応や現場のマナーに問題 →クレーム発生など	意識がない、教育不足、体制不備
部下の**労務管理に問題** →有給休暇拒否、未払い賃金、ブラック企業、労基署立入調査など	従来のやり方の踏襲、時代の変化に気がついていない
エアコン班、繁忙期には工事が集中 →長時間労働（人員配置適正？）	これまで誰も何も言わない、具体的なアクションがない、マネジメントが機能していない、仕事の偏り
社員のモラルの問題 →パワハラ問題、店舗メンバーの一体感がないなど	意識がない、教育不足、マネジメントが機能していない

これらの問題の一番のネック（真因）は何でしょうか？

前ページの表は、これまでみてきました定性情報をまとめたものです。

問題点の欄には、定性情報や案件全体からいえること、定性情報や案件全体から導き出した仮説などを書き出しました。
また、その下にその結果起きていることを書き出しました。

原因の欄には、問題点が起こった原因と考えられることを書き出しました。
このあたりは、自分で少し考えないと出てきません。

さて、問題を解決する際には、問題が起こった背景や原因、さらには真因や本質的な原因を探り、そこに手立てを講じていくことが必要です。
それを突き止めない限り、何度でも同じ問題が再発するからです。
何度も再発する状態を、"モグラたたきゲーム状態"（叩いても、叩いても次々に出てくる）といいます。
問題を根絶するためには、根っ子の問題を解決することが必要なのです。

さて前ページの表をみて、

貴方は原因のさらなる真因は何だと思いますか？

　　私は、（店長も含めて）マネジメントが機能していないことが、真因だと思います。

【図4】 原因の深掘り（ボトルネック・真因への訴求分析）

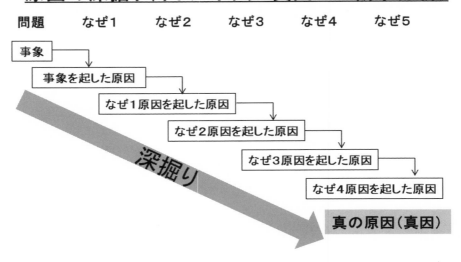

これらを総合的に勘案して、店舗のマネジメント機能の適正化の方向性を検討することになりますが、次のページに「店舗のマネジメント機能の適正化」の方向性の例を示しました。

案件2	君の腹案を聞かせて欲しい

9/1　近藤経営企画部長から石川営業課長へ
上海への出発前の忙しい時間帯だが、**今後の横浜店の方向性の腹案**をまずは聞かせてもらいたい。

②「店舗のマネジメント機能の適正化」 の方向性の例

1. 会社の方向性の明確化および社員への浸透

2. 管理職のマネジメント機能の強化（話し合い、教育）

3. 組織・人員構成の戦略的な見直し（＝ビジネスモデルの方向性、営業戦略とのリンクが必要）

4. 社員の労働時間管理、残業代の適正な支払

5. 社員のモラルの向上

6. 社員間の協力姿勢の醸成（情報共有、全員営業など）

①、②の実行により
{
①新しいビジネスモデルの確立
②店舗のマネジメント機能の適正化

結果

業績を成長軌道に戻す

【②の「店舗のマネジメント機能の適正化」の方向性のポイント】

・会社の方向性の明確化および社員への浸透をまずは挙げました
会社の方向性（例えば、利益重視、顧客満足重視、従業員満足重視など）が不明確なことが、組織の一体感がないということや、工事課と営業課との意見の相違があること、労務の問題などにつながっている可能性が高いと考えられるためです。

・管理職のマネジメント機能の強化を２点目に挙げました
前述のように、管理職（店長も含む）のマネジメントが機能していないことが、あらゆる問題の本質的な真因になっている可能性が高いと考えられるためです。

・組織・人員構成の戦略的な見直し（＝ビジネスモデルの方向性、営業戦略とのリンクが必要）を３点目に挙げました
前述しました今後のビジネスモデルの方向性を実行するためには、組織・人員構成の見直しが必要と考えられるためです。

・社員の労働時間管理、残業代の適正な支払を４点目に挙げました
既にさまざまな問題が複数表面化しています。これらは、コンプライアンス上の問題ですので、早急に手を打つ必要がありそうです。

・社員のモラルの向上も挙げました
会社の方向性の不明確さや、管理職のマネジメントが機能していないため、社員においても意識の欠如や、従来のやり方の踏襲、時代の変化に気がついていないなどの組織文化につながっているものと考えられるためです。

・社員間の協力姿勢の醸成（情報共有、全員営業など）を最後に挙げました
現状は、社員間のコミュニケーションや連携が不十分な可能性があります。またシステムの不備も相まって３事業間・組織間で情報の共有化が不十分なため、結果として営業効率が悪くなっている可能性があるためです。

そして、①および②を実行することで、③を実現していくというのが、今後の方向性と方針です。

①新しいビジネスモデルの確立
②店舗のマネジメント機能の適正化
③業績を成長軌道に戻す

人材アセスメントの際、時間が限られる中で（本書では120分間）、ここまで詳細な分析や記述をすることはなかなか大変だと思いますが、頭の中では、このような思考プロセスで方向性や方針を考えていただきたいと思います。そして、頭で考えたことはなるべく表現（記述）するように頑張ってください！
アセッサーにも書いていないことは見えません。したがいまして、根拠が書かれていないと論理性が伴っているかどうか判別できないということになるかもしれません。
※ただし、分析や方針ばかりに時間をかけてしまいますと、他の案件処理ができなくなりますので、タイムマネジメントは忘れないでくださいね。

　さて、これでやっと案件2が終了しました。
　お疲れ様でした。

第5章
課長レベルの
優先順位付けとは

自身の方針がないと優先順位はつけられない

さて、既に第4章（74ページ）で業務の優先順位のつけ方の基本的な考え方や以下の図を紹介させていただきました。

【図1】
業務の優先順位付けの例

	B：緊急・不要	A：緊急・重要
緊急度	☐ ルーチンワーク ☐ 突然の来客 ☐ 電話対応 ☐ 定例の打ち合わせや会議 ☐ 報告や提出物 ☐ その他の雑事	☐ クレーム処理 ☐ 事故・災害対応 ☐ 納期の迫った仕事 ☐ コンプライアンス違反
	D：不急・不要	C：不急・重要
	☐ 待ち時間 ☐ メールの削除 ☐ 自己満足のための作業	☐ 方針や戦略立案 ☐ 組織風土の改善 ☐ 準備・計画 ☐ 業務や品質の改善 ☐ 人材育成

重要度

上記の図1は一般的な例ですが、実際の業務やインバスケット演習では、これをそのまま当てはめることはできません。
図1を参考にしながらもご自身で考えることが必要です。

なぜなら、貴方がおかれている組織の状況や、管理職である貴方の立ち位置や方向性・方針により優先順位は変わってくるからです。
例えば、本書のインバスケット演習に取り組む際に、どの案件を優先的に処理するかは、貴方の立てた方向性・方針により変わってくるということです。
また、一口にクレームやコンプライアンス違反といっても、リスクや影響度の大きさはその状況によって違ってきます。

例えば、

・図１のＡ（緊急・重要）にあるクレームが２つあった場合、どちらを優先するのか？
・あるいはＣ（不急・重要）にある方針や戦略立案は、Ａ（緊急・重要）があるのでやらなくてもよいか？

　これらは、貴方がおかれている組織の状況や、管理職である貴方の立ち位置や方向性・方針により、自分で考えて決めていく必要があります。

　このように、**まずは貴方の立ち位置を確認し、方向性や方針を立**てた上で、**優先順位をつけて**、**"一貫"** した姿勢で各案件の処理をしていくことが必要です。

軽重判断とは

　貴方がインバスケット演習に取り組む際には、限られた時間（本書の場合は 120 分）の中で、できる限りの処理をしなければなりません。

　万が一、重要と考えられる案件を処理しなかった場合は、業務の停滞をまねいたり、リスクが拡大したりする可能性があります。

　こうなった場合は管理職として問題があると言わざるを得ません。

　しっかりとタイムマネジメントも考慮しながらインバスケット演習に取り組むことが必要です。

　その際、役に立つ考え方が "軽重判断" です。

　これは優先順位付けと似ているのですが、業務に重み付けをして処理を行うということです。

　例えば、
・自分で行うことと、人に依頼（指示）することを切り分ける
・時間やエネルギーを多く費やして行うことと、時間をかけずに簡単に行うことを切り分ける
　など

　管理職が業務処理をする際には、このような感じで軽重判断を行

い、業務を切り分けていくことが必要です。

　そうしないと、限られた時間の中で最大のパフォーマンスを出すことは難しくなります。

　実際の業務においても、インバスケット演習においても、優先順位付けや軽重判断を行いながら業務にあたっていただくことが重要です。

　さて、この後は各案件をみていきます。

第6章
課長レベルの問題解決と
課題設定とは

問題に気がつかないレベルは最低レベル、
課題を設定するのが課長レベル

　私は、コンプライアンスに関する研修の講師をすることも多いのですが、以下は講義の際によく使うフレーズです。

「問題に気がつかないレベルは、最低のレベルです」
「問題を問題と認識できれば、その上のレベルです」
「問題を課題に設定するのが管理職のレベルです」

何を言いたいか分かりますか？

　企業や組織において、本当は問題があるんだけれど、「以前からそうしてきたから」とか、「前任者から引き継いできたから」（前例踏襲主義）とか、「みんなやっているから」とか言いながら、何事もないかのように問題行為が繰り返されていることが実は多いと感じています。

　現にコンプライアンス違反の問題は、ひっきりなしに世界の各所で発生しています。

　そして、上記のような状態は、
「問題に気がつかないレベル」＝「問題を認識していないレベル」
で、その部分においては組織人として最低のレベルだと私は考えています。

　ただし、本当は問題だと気がついているが、何らかの理由（怖い、面倒、自分はやりたくないなど）で行為を続けることも多いと思います。
　一方、上記のような場合に、「おかしいと思う」とか、「ちょっと違うと思う」などと気づけば、「問題を問題と認識できるレベル」で、正常な感覚はあると思います。

　さらに、「問題だと思う。今は解決できないけど、近い将来やり方

を変えてみよう」とか、「問題提起してみよう」とか、「問題とならないように改善しなければ」と思うことができれば、「問題を課題に設定するレベル」＝「管理職のレベル」だと思います。

　　さて、**問題と課題の意味は分かりますか？**

　　実は、これらをゴチャゴチャに捉えている方が結構多いと思います。
　　マネジメントでは頻繁に出てくるキーワードですので、ここでしっかりと理解してください。

　　以下は、ビジネスにおける「問題」と「課題」の意味です。

「問題」とは
　　会社や組織にマイナスの影響を及ぼす事実や状況や、現状と目標に差が発生しているという事実や状況のことをいいます。

　　（例）ミスが多い、故障が頻発する、トラブルが多い、コストが高すぎる、社員のモチベーションが低い　など

「課題」とは
　　理想的な状態と現状とのギャップを埋めるための取り組みや、やるべきことをいいます。

　　（例）チェック体制を強化する、検品を強化する、社員とのコミュニケーション時間を確保する　など

　　次ページに問題と課題を整理した図を掲載します。

問題と課題の整理

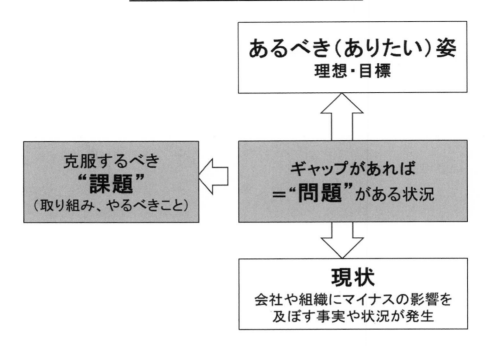

さて、これらを踏まえて、案件5をみていきます。

案件5	有給休暇について

8/12　斉藤総務課長から井上課長へ
以下のメールが、法人営業係の鈴木美鈴から来ました。どうしたものでしょうか。時間外のことは、少し気になります。本社の人事総務部から気をつけるように言われていますので。

8/11　鈴木美鈴から斉藤課長へ
➤ 先週、9月14日から18日の間の年次有給休暇の申請を行いましたが、篠原主任から「9月は仮決算の月で数字を固めないといけないので、休暇は遠慮するように」、また「悪いけど、旅行はキャンセルしてくれ」と一蹴され、その日は出勤するように言われました
➤ 社員の有給休暇の申し出は簡単には断れないと聞いています。また日ごろから時間外勤務も多く、それに見合う手当ももらっていない気がします。当社も少しブラック企業的な感じがしています
➤ 既にツアーの申込みや代金の支払も完了しています。一応、9月3日以降ですと、キャンセル料が30%かかります

　　　さて、案件5において、貴方は

- ☐ この案件の優先順位は、どう考えましたか？
- ☐ 期限有り（キャンセル料発生）
  → なんらかのアクションを起しましたか？
- ☐ 案件8、10、12や横浜店予定表を関連づけて処理を行いましたか？

　　　次のページで、関連案件等をみてみましょう。

案件5	有給休暇について

【関連案件等】

案件8	➤ 次から次へと工事現場が待っています。実際、**労働時間もかなり長時間化**してきています

案件10	➤ 昔ながらの営業習慣を踏襲しており、"とにかく、売上を上げろ"のかけ声で、**体育会系的な乗り**で業務を行っており、**ハラスメント**など少し気掛かりです ➤ 特にエアコン班では繁忙期には工事が集中し、国が定めた**過労死ラインの基準を超える長時間労働も発生しているよう**です。勤怠データ（出勤日数、労働時間等）上は、決められた残業手当の範囲内で申告を行ってきますが、**どうみても少なめに申告している**ように感じます ➤ 最近は、**労働基準監督署も長時間労働には厳しい対応**をしているようです。**通報でもあれば一発で終わり**だと思います

案件12	➤ 8/7営業課法人営業係のパート社員の若田知美さんから**篠原主任からパワハラを受けている**との通報があった ➤ ご主人とも相談したが、**このまま改善がなければ、労働基準監督など国の機関に相談に行く**と言っていました

案件1-G	[横浜店予定表] ➤ 9月10日 **労基署立入調査**の予定

発生問題への対処だけでは不十分

　こうして案件5を見ますと、案件5は単発の問題ではないことが分かると思います。

　相互に関連する情報を整理した上で、発生している問題の原因や背景を探る必要があります。

マネジメントを担う管理職は、発生した問題だけに対応するだけでは、不十分です。当座の対策を施すとともに、発生している問題の原因や背景を探り、抜本的な問題解決を目指すことが求められます。

　案件5のみを見ただけでは、単なる年次有給休暇を認めるか、認めないかの判断をするだけのメールにみえます。

　しかし、これでは先ほど書きました、「問題に気がつかないレベル」と同じです。

　インバスケット演習全体から考えなければ、問題の本質に気がつきません。

　また、それに気がつかなければ、処理は発生問題への対処で終わってしまい、抜本的な問題解決には至らないでしょう。

　抜本的な問題解決を行うためには、次ページの図6の水平思考と垂直思考を意識して、組織全体を見渡して問題を発見し、さらに深掘りをして因果関係や真因、本質を探っていくことが必要です。

【図6】

水平思考と垂直思考

水平思考：周辺で起こっている出来事や全体の状況を、鳥の目で見るかのように鳥瞰的に広く見渡し、どこに問題があるか見極める

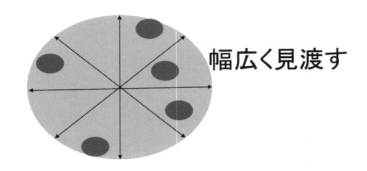

幅広く見渡す

垂直思考：問題を深く掘り下げて、因果関係や真因、本質を探る

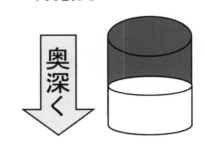

奥深く

　案件5の関連案件を見ると、労務の2つの問題がありそうなことが分かります。

【着眼点】

　1つ目は、"ハラスメント"の問題です。

✓ 案件5での篠原主任の言動は、一方的な年次有給休暇の拒否とも受け止められかねず、やや強要している感がある。しかも、清原係長も黙認している状況がうかがえる

✓ 案件12では、同じく篠原主任が、同じ係の若田さんにパワハラで本社に通報されている。そして、改善がなければ、国の機関に相談に行くとまで言われている

✓ 案件10では、「体育会系的な乗りで業務を行っており、ハラスメントなど少し気掛かりです」との声がある

✓ 案件1－Gでは、ハラスメントの件かは不明だが、労基署の調査

が予定されている

2つ目は、"長時間労働や賃金"の問題です。
✓ 案件5では、「日ごろから時間外勤務も多く、それに見合う手当ももらっていない気がします。当社も少しブラック企業的な感じがしています」と鈴木さんは書いている
✓ 案件8では、「工事課では労働時間もかなり長時間化してきています」と工事課長は書いている
✓ 案件10では、「特にエアコン班では繁忙期には工事が集中し、国が定めた過労死ラインの基準を超える長時間労働も発生しているようです。勤怠データはどうみても少なめに申告しているように感じます。最近は、労働基準監督署も長時間労働には厳しい対応をしているようです。通報でもあれば一発で終わりだと思います」との意見がある
✓ 案件1－Gでは、長時間労働や賃金の件かは不明だが、労基署の調査が予定されている

（まとめ）
　このような情報を勘案すると、以下のようなことがいえると思います。
✓ 篠原主任は、昔ながらの営業習慣を踏襲しており、体育会的な乗りで業務を行っており、ハラスメントの問題も発生させている
✓ また、案件5の年次有給休暇を拒否する手続においても、相手との丁寧な話し合いや指導がないまま、やや一方的な対応で相手の反感を買っている可能性がある
✓ さらに、鈴木さんは、時間外勤務の多さや、それに対する手当についても疑念を持っている
✓ 加えて、組織全体に、ハラスメント、長時間労働、賃金未払いなどがまん延している可能性がありそう
✓ 本件は、対応を誤ると、リスクが拡大する恐れがありそう。

　一方で、以下のような判断もあるものと思います。
✓ 案件2の方針や、案件9－Aの情報から、第2四半期の締め月である9月は、長期の年次有給休暇の取得は認めない
✓ 指示書の参考情報3の就業規則抜粋を根拠にして諾否を決める

※ただし、これらはリスクを伴います。
✔　鈴木さんのモチベーションを考えて諾否を決める

　このようなことを総合的に勘案して、案件処理を行うことが必要
です。
　以下は、案件5の対応の参考例です。

案件5 8 10 12 1－G	清原係長 ＣＣ：斉藤課長 お疲れ様です。この度、緊急な人事異動で横浜店の営業課長を務めることになりました。 今後よろしくお願いします。 さて、早速ですが、法人営業係の鈴木さんから9/14〜18の年次有給休暇の件で相談が入りました。 法人営業係も第2四半期の締め月ということで営業活動にまい進していただいていることとは思いますが、今回は、申請された年次有給休暇を承認することにしたいと思います。ご理解ください。 至急、手続を進めてください。 理由は、年次有給休暇の申請が出てから既にだいぶ時間が経過している点や、本人の今後の勤労意欲などを考慮しました。篠原主任にも、私の考えを説明しておいてください。 なお、社員の年次有給休暇の取り方や日頃の指導などについては、帰国後に、係長および主任等と話し合っていきたいと思います。 （別メール） 斉藤課長 お疲れ様です。今後よろしくお願いします。 さて、法人営業係の鈴木さんからの9/14〜18の年次有給休暇申請の件で、先ほど、清原係長にメールさせていただきました。休暇を承認させる方向で進めさせていただきたいと思います。 大変お手数ですが、フォローの方よろしくお願いします。 また9月10日に予定されています労基署の立入調査の内容はご存じでしょうか。ご存じの場合は情報共有をお願いいたします。 9月8日には着任いたします。

	私の手元情報によりますと、当店では、ハラスメント、長時間労働、賃金の未払いなどの問題がありそうに思っており、気になります。 何とぞ、よろしくお願いします。 （メモ） 横浜営業所は、マネジメントや労務の問題が山積している可能性が高い。 今後、背景や原因を究明して、抜本的な対策を打たなければ。

　私は、年次有給休暇の申請を認めなかった場合のリスクや、鈴木さんのモチベーションを考慮して認める方向で考えました。

　また、清原係長や、篠原主任の気持ちや反応も考慮して文面を作成しました。さらに、今後、抜本策が必要である旨のメモを残しました。

このような例は、実業務でもありがちだと思いますが、忙しい中では、やはり目の前の問題解決に走りがちになります。しかし管理職は、成果を出すために、またリスクをヘッジするために、いろいろなことに思いをはせながら、業務に取り組む必要があります。あらかじめ自分なりの自問パターンを作っておくことも良い習慣だと思います。以下は例です。 ・待てよ！ ・隠れたリスクはないか？ ・背景は、どうなんだろう？ ・実施した場合の、メリットは？デメリットは？ ・他に方法はないか？３つ考えろ！ ・あの人だったら、どう考えるだろう？

　さて、次は案件12をみていきます。

案件12	当店でパワハラの通報

8/11　土方店長から井上課長へ
君の課で問題が起こっている。君の方でしっかりと対応を頼む。

8/11　斉藤総務課長から土方店長へ
営業課法人営業係の篠原主任が、パワハラの問題を起こしているとのことです。どのように対処すればよろしいでしょうか。

8/7　小泉人事総務課長から斉藤課長へ
➤ 8/7営業課法人営業係のパート社員の若田知美さんから**篠原主任からパワハラを受けている**との通報があった
➤ ご主人とも相談したが、**このまま改善がなければ、労働基準監督など国の機関に相談に行く**と言っていました

　　案件12 も、先ほど案件5で示した関連性も踏まえて対応する必要があります。

　　ここでも、やはり当座の対策と、再発防止に向けた抜本的な対策を講じていくことが求められます。

【着眼点】

✓ パワハラの通報があった時から既に相当な期間が経過しているため、早急な対応が必要

✓ 事実確認など対応にあたっては、プライバシーや若田さんの意向への配慮が必要

✓ 問題を放置すれば、労基署など外部に問題が拡散し、会社の信用失墜につながる可能性がある

✓ また内部的にも社員のモラルやモチベーションの低下につながる可能性がある

✓ 再発防止策を検討する必要がある

✓ 本社-人事総務課への報告も必要

【対応策のポイント】

　対応としては、以下のようなことが考えられます。

✓ 若田さんへ当座の対応として、改善の約束の旨のメール、手紙を送る　※相当時間が経過していることを踏まえての対応が要求される

✓ 事実確認を指示する（ヒアリングを本社に依頼することも含めて検討）※事実確認する際は、プライバシーや若田さんの意向への配慮が必要な旨を注意書きすることも必要と考えられます。

✓ 事実だとすれば、篠原主任を指導する。また篠原主任の処分や若田さんへの謝罪を検討する

✓ 篠原主任か若田さんの人事異動などを検討する

✓ ハラスメント防止に向けて他の社員に対しても教育を実施する

✓ またそのような問題が起こる横浜店の組織風土などの背景も今後検証し、問題があれば解決策を検討の上実行する

✓ 本社−人事総務課へ逐次報告しながら連携を図る

　このような対応をとるための指示や連絡などを各方面に出します。

なお、ここでは紙面の都合上、対応策のポイントを箇条書きで記載していますが、人材アセスメントの際は、回答用紙には、138～139ページの案件5の処理ように、実際に人を動かすイメージで、宛先を入れて、できるだけ指示文や依頼文調（誰に、何をさせるのか等）で書いてくださいね。箇条書きやメモだけでは、指示等の受け手が、どう動いたら良いのか分からない場合があります。そう判断されると、判定してもらえないこともあります。
※なお、本書では、数案件に関して、案件5のように指示文等の参考例を掲載させていただきます（全案件ではありません）。

　さて、次は案件7をみていきます。

案件7	協力会社からの依頼の件

8/12　土方店長から井上課長へ
➢ みなと設備工業から依頼があった。私としては初耳だ
➢ 君の考えを聞かせて欲しい
➢ その後、永倉課長、阿部係長に指示をしようと思う

8/11　みなと設備工業の社長から土方店長へ
➢ 貴社をメインのお取引先として、エアコンの他、バス・トイレ・漏水・排水などの施工を中心に業務依頼を頂いてまいりました
➢ 貴社からは丁寧で良い仕事をするとのご評価を頂いてきました
➢ 今回は今後の工事単価について、**何とか20%程度値上げ**の方向で見直しをお願いしたく、お手紙を送らせていただきました
➢ 値上げをお願いする理由としましては、主に昨今の<u>人材不足による人件費の高騰</u>です。また<u>資材や物流費も上がってきております</u>
➢ 昨年来、**何度か、貴社の永倉課長様、阿部係長様に相談させていただきましたが、未だにお返事をいただいていない状況**でございます
➢ 弊社としましても、このままの状態が続きますと、他の単価の良いお取引様の仕事を中心に切り替える事も検討せざるを得ません。幸いなことに多くのお声がけをいただいております
➢ なるべくなら、ご恩のある貴社をメインに取引をこれまで通り行いたいと存じます

【関連案件等】

指示書 参考情報1	➢ ※なお工事は協力会社への外注で対応しているものもある。昨今は職人不足が顕在化し、技術力が高い協力会社の囲い込みが課題になっている
案件18	➢ 今期は各店舗の経費（売上原価を含む）を、前期比で一律3％引き下げることが、先週の役員会で決定しました。各店長は、具体的な削減策を検討の上、・・・・

案件７も、やはり関連性がある案件や今後の事業の方向性も踏まえて対応する必要があります。

【着眼点】

✓ 本件は、昨年来何度も相談されているにもかかわらず、未だに返事をしていないことから、クレームという側面もありそう

✓ 永倉課長や阿部係長は、店長に相談をしていないのか？
　←情報共有に問題がありそう

✓ 昨今は職人不足が顕在化し、技術力が高い協力会社の囲い込みが課題になっている

✓ 今後、横浜店では水回り・リフォーム事業を中心に強化していく方向性や、エアコン事業を強化していく方向性を示している場合、質が高い協力会社は重要な経営資源となる

✓ 本社経理部から経費（売上原価を含む）を前期比で一律３％引き下げる会社の方針との兼ね合いを考慮する必要がある

✓ 工事単価を 20％程度値上げして欲しい旨の要望だが、これは横浜店の売上総利益率なども勘案するとどの程度の悪影響をもたらすのかを知りたい

✓ 採算管理は、今の当社にとって重要

【対応策のポイント】

　対応としては、以下のようなことが考えられます。

✧ 工事単価を 20％程度値上げした場合、みなと設備工業に対して発注する業務に関して、事業ごと（エアコン、電気設備、水回り・リフォーム）の各種利益率がどうなるのか、値上げ前と値上げ後を比較できる資料の作成を指示する

✧ その結果を受けて、どうするかを判断する。その際、自身で決めた今後の事業の方向性との関連性を考慮する

✧ また、みなと設備工業の事情も十分に聞いた上で、当社の事情も話し、落としどころを探っていくことも必要

✧ トラブルに発展させないため、また、みなと設備工業との信頼関係を維持するために、なるべく早い時期にアポイントメントをとるように指示するか、直接手紙やメールを出す。その際、時間が経過したことのお詫びもする

このような対応をとるための指示や連絡などを各方面に出します。

さて、次は案件 15、19 をみていきます。同時に処理しても良いと思います。

案件15　ショールームの来店顧客からのクレーム

8/11　土方店長から井上課長へ
このようなクレームが来たが、君の方で事後の対応を頼む。

8/10　カスタマーサポート部の三上から土方店長へ
➢ 本日、横浜市内にお住まいの方から連絡あり、内容は以下の通り
➢ 昨日の日曜日の午後に横浜店のショールームに行ったが、<u>ひどい対応</u>をされた
➢ ショールームに入ると、そこには店員は誰もいなかった
➢ 事務員のような店員さんが出て来たので、「<u>太陽光蓄電設備やエコキュートを見に来ました</u>」と言うと、その店員さんから「予約はありますか」と<u>事務的に言われた</u>
➢ 50歳代くらいに見える、ベテランの男性店員さんが出てきて、「スミマセン。今の時間は、説明できるスタッフがいないので、ちょっと対応できないんですよ・・・」、「予約してから来てもらえれば、対応できたのですが・・・。これが各メーカーのパンフレットなのでよろしければ・・・」と言って、パンフレットを渡された
➢ その態度は、<u>急に来た顧客に困り、いかにも追い返すように言っている</u>様に感じた
➢ 私も主人もその一連の対応に何となく腹立たしく感じ何も見ずに帰ることにした
➢ <u>お宅の会社では、どのように社員教育をしているのか！</u>
➢ <u>予約をしないで行ったからといって、顧客をむげに扱う様子は許せない</u>
➢ <u>だいたい日曜日の午後に、展示商品の説明をできるスタッフがいないのはおかしい</u>
➢ もうお宅の会社では買わない
➢ 私の方からは、「担当の<u>横浜店の責任者に連絡し、二度とご迷惑をおかけしないようにいたします</u>。大変申し訳ありません」とお応えしておきました

案件15	ショールームの来店顧客からのクレーム

【関連案件等】

案件1-F	（個人営業係） ➤ ショールームへの来店する個人顧客への対応や、営業および販売

案件10	➤ インターネット経由の問い合わせ対応やテレアポなどの新規顧客開拓が中心になっている ➤ 折角立派なショールームがあるのに生かしきれていないような感じがします

案件14	➤ 最近、ショールームへの来店客数が伸び悩んでいます ➤ なお本件を沖田係長や安富主任に相談しましたが、あまり興味をもっていただけませんでした。しかし、私たち個人営業係は個人がターゲットになりますので、ショールームを核とした来店促進型の営業展開が効率的ではないかと思います。

案件19-B	➤ 最近のCS調査の結果がきた

	ショールーム	個人営業	法人営業
品揃えの充実度	3.9	–	–
展示方法	3.2	–	–
美観・清掃状況	3.2	–	–
待ち時間	(2.6)	3.8	3.8
接客態度	(2.7)	3.6	3.7
身だしなみ	3.4	3.9	3.6
マナー	3.4	3.9	3.7
親しみやすさ	3.4	3.7	3.4
説明のわかりやすさ	3.2	3.4	3.6
提案力	3.2	3.4	3.1
商品知識	3.1	3.8	3.9
事務手続きの手際	3.1	3.6	3.5

案件15および案件19も、関連性がある案件も踏まえて対応する必要があります。

　ここでも、やはり当座の対策と、再発防止に向けた抜本的な対策を講じていくことが求められます。

【着眼点】
✓ 顧客クレーム案件である
✓ クレームの内容を見ると、接客態度など顧客に対するホスピタリティーが不足していることが分かる
✓ また、顧客の受入体制が不十分なことも分かる
✓ ショールームの担当は、個人営業係である。お茶出しなどは総務係も担当である。
✓ 「ショールームという経営資源を生かし切れていない可能性がある」という意見がある
✓ 実際、来店顧客数は伸び悩んでいる
✓ ＣＳ調査からも、ショールームでは、「待ち時間」や「接客態度」が悪いという結果がでている
✓ 管理職（係長、主任）が、部下の意見に耳を傾けていない状況がありそう
✓ 「今後は、ショールームを核とした来店促進型の営業展開が効率的では」という意見がある
✓ 現状の営業活動は、インターネット経由の問い合わせ対応やテレアポなどの新規顧客開拓が中心になっている←これが非効率かどうかの検討は必要そう

【対応策のポイント】
　対応としては、以下のようなことが考えられます。
　ここでは案件15と案件19を同時に処理します。

✧ 当座の策として、顧客に対する謝罪および再発防止を徹底する旨の連絡を入れるように指示するか、直接手紙やメールを出す。その際、時間が経過したことのお詫びもする
✧ また営業課員および総務課員に対しては、取り急ぎ、クレームの発生があったことを周知する
✧ 特に個人営業係および総務課員に対しては、顧客の立場にたった

接客対応を徹底するように注意喚起する

❖ ＣＳ調査の結果を係長はじめ全営業課員に周知するように指示
をする

❖ 特にショールームの評価が良くないので、内容をよく確認して気
をつけるようにコメントする。また別メールで、今後の再発防止
策を考え、店長および営業課長に報告するように沖田係長に指示
する。

❖ 再発防止策や今後の方向性も含めたショールームのあり方を検
討することをメモする。
今後の課題として、以下などが挙げられる
・接客態度を改善、そのための教育
・顧客の受入体制の改善、人員体制など
・現在のインターネット経由の問い合わせ対応やテレアポなどと
中心とした営業方法が良いか、ショールームを核とした来店促
進型の営業方法がよいのかの検討（←このあたりは、今後の方向
性との一貫性も必要となります）。

このような対応をとるための指示や連絡などを各方面に出します。

さて、次は案件9をみていきます。

当店の業績改善策の件

8/11 土方店長から3課長へ
➤ 早急に何らかの改善策を出さなければならない。井上課長を中心に君達の方でも具体的な対策を検討し提案して欲しい

8/10 川路営業推進部長から土方店長へ
➤ 貴店はこの4月からモデル店舗に指定され大いに期待をかけているところだが、7月末の実績資料（添付資料）を見ると、既に第2四半期に入っているが昨年までの業績の悪化傾向に歯止めがかかっていない状況だ
➤ どうなっているんだ。これでは何ら手立てを講じていないのと同じだ
➤ 早急に、この状況を分析したうえで、今後の具体的な業績改善策を検討し、できるだけ早く私宛に送って欲しい
➤ 9月4日（月）の役員会の重要なテーマとなるので、よろしく。

案件9-B 【横浜店の売上高・利益等の推移 － 月次】

【横浜店－全体】　　　　　月次推移表

U年7月末現在　　　　　　　　　　　　　　　　単位：百万円）

	U年4月	U年5月	U年6月	U年7月	合計
売上高	76	77	84	86	323
売上原価	58.5	59.4	64.8	66.6	249.3
売上総利益	17.5	17.6	19.2	19.4	73.7
販管費	18	18.1	18.1	18.5	72.7
営業利益	▲ 0.5	▲ 0.5	1.1	0.9	1.0

➤ U年3月以前の月ごとのデータは？
　下がっていきているのか、上がってきているのか？
➤ 昨年の今頃はデータは？
➤ 4月～7月、3つの事業ごとのデータはどうなっているのか？
➤ 売上総利益率は、どうなっているか？
➤ U年4～7月の間に、どのようなアクションを行ったのか？
そのような情報を集める指示等は出しましたか？

案件9も、関連性がある案件も踏まえて対応する必要があります。
ここでは、期限が定められており、今すぐの判断を求められています。

【着眼点】

- ✓ 本案件は、石川課長の立ち位置を考えると、何らかのアクション、あるいは意見は持ちたい
- ✓ 9月4日（月）の役員会の重要なテーマであり、期限も決められている
- ✓ 案件9－Bのデータの分析が必要。しかし、このデータだけでは不十分
- ✓ 案件1－B②のデータや、案件11－Bのデータなども活用したい
- ✓ また案件2で考えた今後の方向性や方針を踏まえて一貫性をもって考えたい
- ✓ また、「これでは何ら手立てを講じていないのと同じだ」と言われるのは当然で、案件9－Bのデータを見る限り、何ら有効な対策を講じていない可能性がありそう

【対応策のポイント】

対応としては、以下のようなことが考えられます。

- ✧ 9月4日（月）の役員会の重要なテーマであり、期限も決められていることから、土方店長宛に、「帰国後、早急に横浜店の状況を詳細分析した上で、今後の具体的な業績改善策を検討し提案する」旨を伝える
- ✧ 今回は、店長に一任する
- ✧ 案件2で考えた今後の方向性や方針は、帰国後に詳細分析をした上でさらにつめる。その上で土方店長と話し合いながら、共有化や合意を目指す（※ここでいきなり、持ち出しても、土方店長に不快に思われる可能性があるため、後日実際に顔を合わせながら説明することとする）
- ✧ 案件9－Bのデータだけでは不十分なので、事業（できればエアコン事業は、業務用と家庭用それぞれ細分化して）ごとに、U年3月以前の月ごとのデータや、前年同期のデータなどを準備してもらうための指示・依頼を行う

（今後についてメモする）

✧ 早急に横浜店の状況を詳細分析した上で、今後の具体的な業績改善策を検討する

✧ 横浜店では、この４月モデル店舗として指定された以降も、有効な対策は打たれていない可能性が高い

　このような対応をとるための指示や連絡などを各方面に出します。

　なお、分析をする際には、以下の切り口（軸）も、ご参考にしていただければと思います。

時間軸	要素軸
変化を知り、傾向をつかむ	分解し、要因や原因などを探す
年間、四半期、月間、旬間、週間、曜日、日、時間帯 など ※季節性その他の要因	事業ごと、組織ごと、グループごと、人ごと　など

第7章
課長レベルの意思決定とは

時にはリスクを取ってでも前進させるのが課長

　管理職と一般職の担うべき役割の大きな違いは、<u>物事を"決める"（＝意思決定する）</u>ということです。

　一般職の間は、組織のルールややり方に従って、忠実に仕事をするというのが基本スタンスだと思います。

　しかし、管理職になると、より経営者に近い立場で仕事をしていくことになります。

　「右に行くのか、左に行くのか」、「やるのか、やらないのか」の判断に迷う場合でも、どうするかを決めることが求められます。

　さらに具体的にいいますと、リスクがあることにチャレンジしたり、これまでのやり方を変更したり、人に頼らずに自分の責任で決めていくことが求められます。

　もちろん、何でもかんでも無謀に決めてよいという訳ではありません。

　自分に与えられた役割や立ち位置に照らして、時にはリスクを取ってでも自分の責任で判断していく場合があるという意味です。

　これが管理職と一般職との大きな違いです。

　一方、管理職になってもそれができずに、何でもかんでも上位に相談したり、自分で責任を取らなかったりする姿勢でいては、管理職として物足りないと言われてしまう可能性があります。

　新しいことへのチャレンジや、組織の変革などは、リスクを伴う場合があります。

　100％成功する保証は何処にもないのです。

　しかしビジネスでやる以上、できるだけ失敗はしたくないし、リスクは最小限にとどめたい（リスクヘッジしたい）のです。

　したがいまして、本書で既に書きましたように、**できるだけ成功確率を高めるためにも、多くの情報を集めて、慎重にかつ論理的に分析をして物事を決めていくこと**が大切です。

ビジネスの世界では、"何もしないこと"によるリスクもあるのです。

　それは過去の歴史が証明しています。

　何もやらずに、倒産や廃業に追いやられる企業は五万とあります。

　大きい会社が生き残れるのではなく、環境変化に上手く対応できる企業や組織が生き残っていけるのです。

　是非、時には果敢にチャレンジする精神をお持ちいただきたいと思います。

インバスケット演習の処理で、何でもかんでも、上司に伺いを立てる方がいます。もちろん、組織ですのでそれが必要な場合もありますが、今後は自分が何を求められている管理職なのかをしっかりと確認した上で、ご自身で意思決定するべき事項は自身で断を下すという姿勢も強化していってほしいと思います。意思決定するのが、管理職の重要な仕事です。

　では、案件の解説に戻りましょう。

　本章では、案件14と案件20をみていきますが、両案件とも部下から意思決定を求められています。

| 案件14 | 来店促進感謝デーに関する提案 |

8/12　個人営業係の横倉みずきから井上課長へ
- 今日は提案をしたく連絡させていただきます
- 来月の26日〜27日の来店促進感謝デーにおける来店促進のための目玉として、子供達に人気の"ゆるキャラ"を呼んではいかがでしょうか
- 費用は、概ね出張料(15万円)＋運搬・交通費(3万円)とのことです
- 最近、ショールームへの来店客数が伸び悩んでいます。このあたりでインパクトのあるイベントを開催して、これを契機に今後の来店客数のアップにつなげていきたいと思います
- 課長のご決裁をお願いいたします
- なお本件を沖田係長や安富主任に相談しましたが、あまり興味をもっていただけませんでした
- しかし、私たち個人営業係は個人がターゲットになりますので、ショールームを核とした来店促進型の営業展開が効率的ではないかと思います
- イベント会社への手配の関係がありますので、遅くとも9月4日ころ迄にはご承認をお願いいたします

【関連案件等】

指示書 参考情報3	【予算決裁権限規定　抜粋】 ▷ 営業課長決裁権限：10万円以下（月額） ▷ 店長　　決裁権限：30万円以下（月額）
案件1-G	［横浜店予定表］ ▷ 9月26〜27日　来店感謝デーの予定
案件10	▷ 折角立派なショールームがあるのに生かしきれていないような感じがします
案件18	▷ 今期は各店舗の経費（売上原価を含む）を、前期比で一律3％引き下げることが、先週の役員会で決定しました。各店長は、具体的な削減策を検討の上、・・・・

案件 14 も、関連性がある案件も踏まえて対応する必要があります。
　ここでは期限が定められており、今すぐの判断を求められています。
　ちなみに、「承認する」ことも、「承認しない」ことも意思決定になります。

【着眼点】
✓ 現在 9 月 1 日で、9 月 4 日ころ迄には承認を求められているので、承認するのか承認しないのかをこの場で決めなければならない
✓ 承認する場合は、経費節約を求められている折、費用対効果を十分に検証する必要がある。しかし今は検証する時間はない
✓ また事業の方向性との一貫性を考慮する必要がある
✓ 承認しない場合は、せっかく前向きな提案をしてくれた横倉さんのモチベーションに配慮した返答が必要
✓ 費用は、概ね出張料（15 万円）＋運搬・交通費（3 万円）の 18 万円がかかり、課長の決裁範囲を超えている。ただし店長なら決済可能
✓ 一方、沖田係長や安富主任の部下に対する対応が気になる
✓ 横倉さんが提案してくれた「ショールームを核とした来店促進型の営業展開が効率的ではないか」は、今後の方向性として検討課題になりそう

【対応策のポイント】
　対応としては、以下のようなことが考えられます。

（承認する場合）
✧ 土方店長に、予算決裁の承認を求める。その際、本販売促進策の狙いや、意図を明確に伝える
✧ その上で、横倉さんに、店長決裁を前提として承認する旨を伝え、留意事項を同時に伝える

（承認しない場合）
✧ 横倉さんに、前向きな提案に対して感謝の気持ちを伝える
✧ 今回は時間がなく、費用対効果の検証ができないため、申し訳ないが承認はできないという旨を伝える

✧ 一方で、海外から戻った後はしっかりと話を聞いて、必要だと判断できれば実施したい旨も伝える

✧ さらに、「ショールームを核とした来店促進型の営業展開が効率的ではないか」は、検討する価値が大いにあるので、今後検討していくことを伝える

　このような対応をとるための指示や連絡などを各方面に出します。

インバスケット演習の処理で、よく「帰国後に処理する」と連発される方がいます。そのような判断も確かにありますが、意思決定ができずに先送りをしているようにも見えます。管理職には、遅滞のない意思決定が求められています。

案件20	業務支援システムの整備の提案

8/13　個人営業係の安富主任から井上課長へ
➤ 今日は提案をさせていただきたいと思います
➤ 当店はモデル店舗。少しでもお役に立てればと思います
➤ 当社では、当店を含めた全ての店舗において極めて営業効率が悪い可能性があると思います
➤ 現状はそれぞれの業務ごとに業務支援システムがあるものの、異なる部門間や事業間においてのデータの連携がほぼないため、営業上の有効な情報があったとしても活用しきれていない状況です
➤ それを解決するためには、全社的なプロジェクトを立ち上げ、データベースや業務支援システムの更新等を早急に行い、効率的な販売・営業体制を構築していくべきではないかと考えます
➤ 例えば、工事課の社員が設備の設置工事やメンテナンスを行う際に、当社で取り扱う他の機器のメーカー名や年式などを確認しシステムに入力し、その情報が営業課に流れる仕組みになっていれば、営業担当者はピンポイントでタイミング良く営業ができるはずです
➤ 昨日、前職時代の仲間で業務支援システムに詳しい知人に相談したら、良い提案ができそうだとのことでした。早速、システム概要の提案をしに当社に来てくれると言っていました
➤ 彼も忙しいようですのでタイミングを逸すると来社は難しくなるかも知れません。9月初旬くらいまでの間でいかがでしょか

【関連案件等】

案件1-D	［プロフィール情報］個人営業係　主任　安富惣介 ➤ 太陽光蓄電設備に精通した人材。6年前に大手電機メーカーから転職してきた。AIなどITにも強くデータを活用した効率的な営業方法などアイディアはもっているようだ

案件10	➤ 確かに市場のポテンシャルは十分あると思います。一方、それに対応するだけの店舗体制や営業体制は不十分なのでは

案件20も、関連性がある案件も踏まえて対応する必要があります。
　ここでは、期限が定められており、今すぐの判断を求められています。

【着眼点】
- ✓ 現在9月1日で、9月初旬くらいまでの間に、とのことなので、すぐに返事をする必要がある
- ✓ 安富主任の前向きな提案である
- ✓ 全社的に波及できる提案のため、上手くいった場合の効果は大きそう
- ✓ 「異なる部門間や事業間においてのデータの連携がほぼないため、営業上の有効な情報があったとしても活用しきれていない状況」など一連の情報は、安富主任のプロフィールおよび彼の現状の職務から、信頼性は高いと考えられる
- ✓ 業務支援システムに詳しい安富主任の知人が、早速システム概要の提案をしに来社してくれるというが、提案を聞くだけならリスクはないので、石川課長の立ち位置からすれば会うべきだと考えられる

【対応策のポイント】
　対応としては、以下のようなことが考えられます。

（提案してもらう場合）
- ✧ 安富主任に、前向きな提案に対して感謝の気持ちを伝える
- ✧ できれば、自身が直接合って提案内容を聞きたいので、9月8日以降の日で日程調整を指示する
- ✧ ダメな場合は、安富主任に対応してもらい、資料だけでもいただいておいてもらう
- ✧ また安富主任に、提案内容をさらに詳細にした資料の作成を依頼する

（断る場合）
- ✧ 安富主任に、前向きな提案に対して感謝の気持ちを伝える
- ✧ 今回は、着任したばかりなので、丁重にお断りをしてもらうように指示する

❖ 一方で、海外から戻った後は、しっかりと話を聞いて必要だと判断できれば前向きに検討をしていきたい。また今回の提案内容をさらに詳細にした資料の作成を依頼する

　このような対応をとるための指示や連絡などを安富主任に出します。

第8章
課長レベルの実行計画とは

問題解決のプロセスとは

　管理職には、問題があれば、それを解決して、より良い職場作りやより生産性を高めていくなどの取り組みが求められます。

　第6章で「問題解決と課題設定」、第7章で「意思決定」を見てきましたが、管理職が問題解決をする際の思考・意思決定・実行プロセス（＝問題解決の一連の流れ）は、次ページの図7のような流れになります。

　その際は、すでに紹介しました以下の図4や図6のイメージを念頭におき、問題の原因や背景の深掘りが必要です。

【図4】　原因の深掘り（ボトルネック・真因への訴求分析）

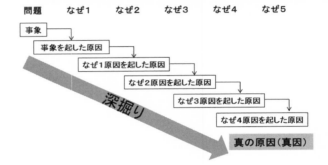

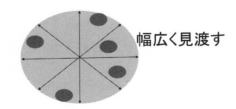

水平思考と垂直思考

【図6】

水平思考：周辺で起こっている出来事や全体の状況を、鳥の目で見るかのように鳥瞰的に広く見渡し、どこに問題があるか見極める

幅広く見渡す

垂直思考：問題を深く掘り下げて、因果関係や真因、本質を探る

問題解決の思考・意思決定・実行プロセス

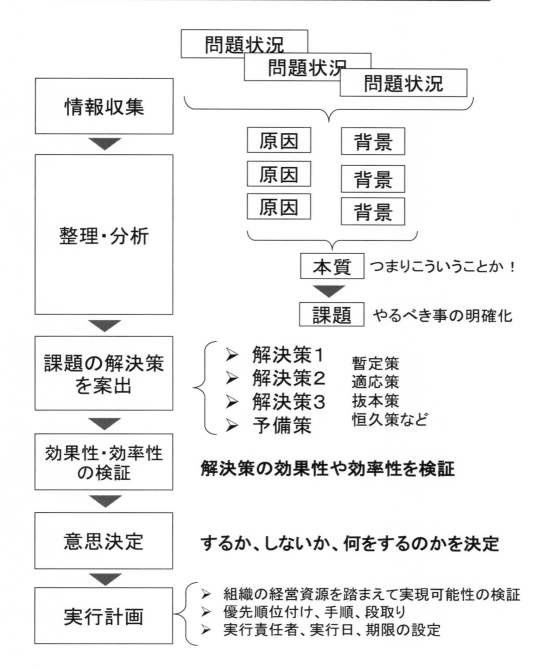

効果性・効率性の検証

　管理職が問題解決を行う際には、前ページの図7の一連のプロセスを経ていくことが必要です。
　流れをおさらいしますと、
① 情報収集　→　問題状況を整理・分析　→　問題の本質を見極める　→　課題を設定する
② 課題を解決するための解決策を考えます。
　その際は予備策も含めて複数の案を考えます。
③ ②で考えた解決策はどのくらいの効果が期待できるか、また最も効率的なやり方になっているか、などを検証します。
④ その上で、実行するかしないかを意思決定する流れになります。

インバスケット演習の回答をみますと、発生した問題から、一足飛びに解決策に向かう方も結構多いです。実際の職場では、経験という武器を活用して問題に対応することも多いと思います。しかしインバスケット演習では、大半の場合は経験則だけでは対応できないような状況になっていると思います。しっかりと、上記①〜④の流れで考察することが大切です。

組織の経営資源を踏まえて実現可能性の検証

　解決策を実行する場合は、組織のどの経営資源をどの程度使うかを具体的に検討し、実現可能性を検証します。

よくあるのが、絵に描いた餅というケースです。いくら立派な解決策や施策を考えても、その組織の経営資源（人・モノ・金・技術など）では対応しきれない場合は、実行することができません。やはり、解決策を検討する段階から、組織の経営資源を踏まえた考察が必要です。

実行責任者を決めなければ、何も実行されない

　実行あるいは実現が可能なことが確認できたら、次は実行するための手順や、実行責任者、実行日、期限などを決めます。

よくあるのが、実行責任者を決めないケースです。いくら立派な解決策や施策を考えても、実行責任者を決めなければ、何も実行されないと考えてください。このようなことは、貴方の会社や組織の会議やミーティングでも、ご経験ありませんか？

　このようなことも踏まえて、日頃のマネジメントや、インバスケット演習における案件処理を行っていただきたいと思います。

第9章
課長レベルの
組織や部下の動かし方とは

受け手目線の指示や依頼の仕方

　本書の冒頭の「はじめに」で、
「部下や後輩（家族でもよいですが）は、貴方のいうことをよく理解して、貴方のイメージした通り動いてくれますか？」
と問いを発しました。

　この章では、部下に指示や依頼をする際に、何に気をつければ良いのかを書いていきたいと思います。

　受け手の目線で考えて、指示や依頼を出すことが一つのポイントです。
　つまり、貴方がイメージしていることを、他人は簡単には理解してくれないということをまずは認識するべきです。
　分かった風な顔をしていても、実は分かっていないことや、納得していないことがよくあります。
　相手目線で分かりやすい依頼や指示を出すことを心がけましょう。

（留意点１）
① 目的や狙いを書く（言う）
　（例：「○○をやりたいので」、「○○したいので」、「今回はこの件を最優先でやりたいので」など書く）
「何のために、いつ、どうして欲しい等」を分かりやすく伝えれば、相手はある程度、貴方の求めていることを想像できます。

② 相手が質問をしやすいような気づかいをする
　（例：「不明な点があれば、遠慮なく聞いてください」など書く）
　上司・部下間、先輩・後輩間では、意味が分からなくても質問をしにくい場合があります。
　貴方は、「分からなければ聞けばいいじゃん」って思っていても、相手はそれができないことがあるのです。

③ 上から目線の言葉（文書）は控える
　（例：「○○の件、至急よろしく」、「急いで対応すること」など）

たとえ相手が部下や後輩、年下であっても、あまりにも上から目線で（偉そうに）指示されると面白くありません。

　組織では、年上の方に対して指示をする場合もあります。

　偉そうに言う方が威厳があり、相手は言うことを聞くだろうと思うのは時代錯誤です。

　ちょっとした言葉一つで、相手のモチベーションは下がります。

　特に最近は、組織のフラット化が進んでいます。

　相手が誰であろうと、なるべく丁寧な言い方をしましょう。

④　**ポイントを分かりやすく書く（言う）**

　そのためには、発信する（発する）前に、もう一度相手目線で読み返してみることが効果的です。

　特に長文の文書は、要点が不明確になりがちです。

　なるべく、短文や箇条書きを使った方がより理解しやすいと思います。

⑤　一度で分からせようとせず、**複数回に分けて丁寧に説明する**

　貴方のように仕事ができる方は、とにかく自分が分かることは相手も当然分かるだろうと思いがちです。

　一度言えば大丈夫なはずだと。

　しかし、そう簡単に相手は分かってはくれないのです。

　したがって、不明な点があれば何度でも丁寧に説明する姿勢でいることが必要です。

　もし相手が分かっていなさそうな場合は、複数回に分けて丁寧に説明をしてください。

　ただし、メールなどの場合は相手の反応が分かりませんので、その分、最初からより分かりやすい文書を心がけてください。

⑥　**相手のモチベーションを高める**工夫も必要

　部下は、貴方が組織から預かっている一人一人の人間です。

　貴方の下部（しもべ）ではありませんし、もちろん絶対服従のロボットでもありません。

　感情もありますし、プライドもあります。

　また人から認められたい・褒められたいという渇望を持っています。

したがって、感謝の言葉やねぎらいの言葉も発信していくことが
必要です。

受け手の能力、地位、権限、性格を踏まえた指示や依頼

　また、指示や依頼の受け手の能力、地位、権限、性格を踏まえた指
示や依頼が必要です。

（留意点２）
① 相手の**能力**を踏まえて指示や依頼をする
➢ 新入社員や初めてその仕事する場合などには、より具体的な指示
　をします
➢ ある程度業務の状況が把握できている社員には、相手の疑問に応
　えながら自分の考えを説明するというスタンスで働きかけます。
　その際、相手に考えさせたり意見を求めたりすると相手の成長に
　もつながります
➢ 業務の実情を自分と同じ程度知っている中堅社員などには、１〜
　10までといった具体的な指示はせず、対等の立場で協同的に働き
　かけます。合わせて相手の自主性を促すための激励や環境整備を
　行います。
➢ 業務の実情に関して自分より詳しいベテラン社員などには、目的
　や狙いなどを伝えて業務遂行の権限や責任を委譲し、なるべく任
　せるようにします。このような方に"箸の上げ下げまで"といっ
　た指示をすると、かえって不快に思われる可能性があります。

② 相手の**地位、権限**を踏まえて指示や依頼をする
　相手が上司や他部署の人間の場合には、それを踏まえた依頼が必
要になります。また、丁寧な言い方も必要です。

インバスケット演習の回答をみますと、上司に対して随分失礼な言い方をして
いる方もたまに目にとまります。あるいは、上司を使い回しているような方もい
ます。そんな言い方をされたら、たぶんこの上司は気分が悪くなるだろうなと思っ
たりします。上への配慮も必要ですよ。

③ 相手の**性格**を踏まえて指示や依頼をする

また相手の性格も踏まえる必要があります。

例えば、

➤ 気が弱い方や慎重な方に対しては「上司である自分が責任をとるので実施してほしい」、「何か心配なことがあれば、いつでも相談してください」など伝えます

➤ 一方、お調子者やせっかちな方には「慎重にするように」とか、「途中で報告を入れながら進めるように」などを付け加えます

部下や組織にも感情がある

さらに、部下や組織にも感情がありますので、それを踏まえた指示や依頼が必要です。

（留意点３）
① **失礼な言い方**はしない

たとえ相手に非があったり問題がある場合でも、失礼な言い方をすると、相手も感情的になり、理解や協力を得られにくくなる可能性があります。

② **自分の都合ばかり**強調しすぎない

例えば、他部署に依頼をする場合などに、自部署の都合（納期、緊急事態、クレームなど）ばかりを強調し、他部署の人間に働きかけるといたケースがあります。

確かに、他部署であっても同じ会社や組織の人間に変わりはない訳で、協力するのは当然という考え方は間違いではないと思います。

しかし、他部署には他部署の都合もありますし、他部署の相手は自部署の都合を優先したいと考える場合も想定されます。

したがって、あまりにも一方的に自部署の都合ばかりを強調されると、他部署の人間は瞬間的に拒否をしたくなるという感情が芽生えてもおかしくないのです。

結果として、協力を引き出せないことにもつながる可能性があります。そういう意味で組織間でも感情のやりとりがあるのです。

③　お礼をいう

　人は、他人から感謝されたり、褒められたりすることを渇望しています。

　仕事の指示や依頼をして、それを実行してもらった後には、必ず感謝の言葉「ありがとう！」などを伝えましょう。

　特に難しい仕事を依頼したり急がせたりした場合などは「助かりました！」など、心からお礼の言葉を伝えましょう。

④　ねぎらいの言葉をかける

　また難易度が高い仕事を、辛い思いや、大変な思いをして成し遂げてもらったような場合は、「○○さん、ありがとう！本当によくやってくれたね。お疲れ様でした！」など感謝とねぎらいの言葉を伝えましょう。

　さらに、日頃の仕事に対するねぎらいの言葉（例：「いつもしっかりと取り組んでくれて、ありがとうございます。」など）も、日々のコミュニケーションの中で取り入れていきましょう。

⑤　時には**相手の話をよく聴く**ことも大切

　人は、自分の話をよく聴いて欲しいのです。

　人の話を傾聴することは、信頼関係の構築や維持に極めて有効な行為です。

　このような取り組みを実践の中で取り入れていただけば、
　部下や後輩は、貴方のいうことをよく理解して、貴方のイメージした通り動いてくれる可能性が高まるはずです！
　そして、組織の生産性が高まるはずです。

　では、案件の解説に戻りましょう。

　本章では、案件1、6、8、10、11、16、17をみていきますが、本章で書きました「受け手の目線の指示や依頼の仕方」などをご参考にされてください。

　まずは案件1、案件6、案件10です。
　案件1と案件10は発信者が同じです。
　また案件6も関連案件ですので同時に処理を行います。

案件1 　未処理メールおよび関係資料等の送信

9/1　松原総務係長から石川課長へ
➤ 今回の井上前営業課長の長期療養の件、大変心配いたしております
➤ 経営企画部の近藤部長より、取り急ぎ、必要なメールや書類を整え、石川課長に送るように指示がありました
➤ 今日は、横浜店に社員は誰もいなくなります。明日は早めに出勤しますので、何かご指示がございましたら何なりとお申しつけ願います
➤ 一週間上海へのご出張と伺っております。現地は気温や湿度が高めのようですので、お身体を壊さないようにされてください。ご着任をお待ち申し上げております
➤ 追伸、先ほどYKH不動産の山内様からお電話がありました。課長になるべく早くお会いしたいご様子でした。9月8日に出勤する旨はお伝えしておきました

【関連案件等】

案件1-D

[プロフィール情報]　総務係長　松原和子
➤ 年齢40歳。横浜店の総務や経理事務のベテラン社員。冷静な目で店舗内の業務状況、社員同士の人間関係や管理職のマネジメントを見ている

案件6

8/12　沖田係長から井上課長へ
➤ YKH不動産の山内社長から、以前から何度も「課長さんも一緒に誘って飲みに行きましょう」と誘われていますが、これまでは断り続けてきました。しかしあまり断り続けるのも気が引けますので一度位お付き合いしても良いのではと私は思います
➤ 井上課長はどのように思われますか

案件10	当店の問題点についてご相談

9/1　松原係長から石川課長へ

➤ 折角、新しい営業課長が来られるので、この際、思い切って、当店の状況についてお知らせさせていただきたいと思います

➤ 当店は今年4月からモデル店舗に指定されたのですが、確かに市場のポテンシャルは十分あると思います。一方、それに対応するだけの店舗体制や営業体制は不十分なのではと思います。店舗メンバーの一体感がないというか。とにかく、バラバラに動いている感じがします

➤ 例えば、工事課の人たちは、毎日依頼を受けた工事をひたすら行うだけで、現場での提案営業や、顧客サービスやクレンリネスへの意識が不足すると思います。時々クレームが入ることもあります

➤ 一方、特にエアコン班では繁忙期には工事が集中し、国が定めた過労死ラインの基準を超える長時間労働も発生しているようです。勤怠データ（出勤日数、労働時間等）上は、決められた残業手当の範囲内で申告を行ってきますが、どうみても少なめに申告しているように感じます。最近は、労働基準監督署も長時間労働には厳しい対応をしているようです。通報でもあれば一発で終わりだと思います

➤ また安い工事単価の仕事ばかりさせられてモチベーションが上がらない。自分たちは技術力も高いので、営業がもっとよい仕事をとってくるべきだと不満の声も聞こえてきます

➤ 営業課の法人営業係では、昔ながらの営業習慣を踏襲しており、"とにかく、売上を上げろ"のかけ声で、体育会系的な乗りで業務を行っており、ハラスメントなど少し気掛かりです。また個人営業係や他の課との情報交換や連携があまり念頭にないようです

➤ 個人営業係では、それぞれ得意分野を持った社員がいますが、個々の社員がやや単独で動いている感じがします

➤ またインターネット経由の問い合わせ対応やテレアポなどの新規顧客開拓が中心になっている一方で、既存顧客へのフォローアップや再販売などがおざなりになっているような気がします。さらに折角立派なショールームがあるのに生かしきれていないような感じがします

【関連案件等】・・・複数あるため、省略

案件1、案件6および案件10は、同時に処理します。

【着眼点】
✓ 初めての接触なので着任の挨拶が必要
✓ 冷静な目で見ているというプロフィールから松原係長は信頼できそう
✓ 未処理メールおよび関係資料等の送信などへのお礼をする
✓ YKH不動産の山内社長への対応。案件6をみると当社に協力をしてくれる業者であることが分かる。また相手の会いたいという希望を断る理由は現時点では見当たらない。一方、確かに一緒に飲みに行くことはリスクを伴うが、現時点では不明なので会ったうえで判断する
✓ 当店の様々な問題点に関する情報であり、指示書や他の案件とからめて全体像の分析に活用できそう

【対応策のポイント】
　対応としては、以下のようなことが考えられます。

　ここでは案件1、案件6、案件10を同時に処理します。
✧ 未処理メールおよび関係資料等の送信や貴重な情報の提供に対するお礼を伝える
✧ YKH不動産の山内社長への対応を依頼する
✧ 今後の協力を要請する

　このような対応をとるために、次ページのメール（参考例）を松原係長に出します。

案件	松原係長
1	お疲れ様です。この度、緊急な人事異動で横浜店の営業課長を務めることになりました。今後よろしくお願いします。
6	さて、今回は迅速に井上前課長の未処理メールや関係資料等を取りそろえていただき、ありがとうございます。井上課長のことは本当に心配ですね。
10	また別メールで当店の状況を分かりやすく教えていただき、こちらも大変感謝します。これらの情報を今後、生かしていき、横浜店の業績を改善するとともに、当社の発展にも役立てていきたいと思います。今後もいろいろとお考えや情報を教えていただければ助かります。
	また大変お手数ですが、ＹＫＨ不動産の山内社長からお電話をいただいたとのことですが、９月８日以降の日程で、山内社長のご都合が良い日時を複数お聞きしておいていただけないでしょうか。是非お会いしたいと思います。分かりましたら、お知らせをお願いいたします。
	なお、ＹＫＨ不動産の山内社長のことで、沖田係長から相談（社長と飲みに行くかどうか）のメールをいただいていますので、上記の件、および飲みに行くかどうかはお会いした上で判断する旨を、明日、沖田係長に伝えていただけないでしょうか。
	今後とも、お力を貸していただきますよう、どうぞ、よろしくお願いいたします。
	石川光

さて、次は案件８および案件16をみていきます。

案件8	永倉課長の申し出について

8/10　土方店長から井上課長へ
永倉課長から以下のメールがあったが、営業課の意見を事前に聞かせて
欲しい。

8/7　永倉工事課長から土方店長へ
➤ 家庭用エアコンの受注状況のことでご相談です
➤ 今年は猛暑が続き、エアコンの受注は家庭用エアコンを中心に増加し
ています
➤ 確かにここ数年、業務用エアコンの受注量が減少しているため、営業
課としては大手家電量販店に営業攻勢をかけて売上高を確保している
のだと思います
➤ しかし家庭用エアコンは、エアコンの販売は大手家電量販店が行い、
当社は設置工事をするだけです。しかも工事単価が低いです
➤ そのことは工事課の社員も知っておりモチベーションが落ちています
➤ しかも次から次へと工事現場が待っています。実際、労働時間もかなり
長時間化してきています
➤ 営業課は、工事単価が高い業務用エアコンの受注にもっと注力すべき
だと思います
➤ また電気設備や水回り・リフォームなどの技術が高い社員もいますの
で、そちらの受注も強化していただきたいと思います。
➤ 来月の定例会議の議題にしていただければと思います

【関連案件等】

案件10

➤ 特にエアコン班では繁忙期には工事が集中し、国が定めた過労死ライ
ンの基準を超える長時間労働も発生しているようです。勤怠データ（出
勤日数、労働時間等）上は、決められた残業手当の範囲内で申告を
行ってきますが、どうみても少なめに申告しているように感じます
➤ 最近は、労働基準監督署も長時間労働には厳しい対応をしているよう
です。通報でもあれば一発で終わりだと思います

案件16	工事課について

8/12　清原法人営業係長から井上課長へ

➢ 実は工事課との調整で困っています

➢ この4月からモデル店舗に指定されたこともあり、更なる受注の拡大に向けてG社様はじめ、大手家電量販店様への営業攻勢をかけているところであります

➢ 我々としては売上高を最大限確保することが最大の使命だと認識しています

➢ 先日、永倉工事課長から「エアコンの工事の受注量は、今の当店の人員からしてこれ以上増やしてもらっては困る。対応できない。まさに今が最盛期で班員は毎日夜遅くまで現場を回っている

➢ また特に大手家電量販店から請け負っている家庭用エアコンは工事単価も低く、協力会社に出したら赤字になるくらいだ

➢ 営業がこのような仕事の取り方をしているから当店の業績は悪化するんだ」と言われました

➢ また「うちには優れた技術を持つ社員が多いのだから、もっと付加価値が高い仕事をとれるように営業のやり方を変えてみてはどうなんだ」とも言われました

➢ しかし、各大手家電量販店は我々が努力して築き上げてきた貴重な販売ルートです

➢ また今年は強烈な残暑も予想されていますので、工事課の都合で折角の受注機会を逃すのはおかしいと思います

➢ 課長の方から、永倉課長を何とか説得していただけないでしょうか

案件16	工事課について

【関連案件等】

案件1-B②

【横浜店－エアコン事業】
U年3月末現在　　　　　　　　　　　　　　　　　　（単位：百万円、％）　　業界環境に一致

	Q年3月	R年3月	S年3月	T年3月	U年3月	
売上高	670	651	645	623	640	←逓減
売上原価	508.5	496.7	493.4	482.2	499.2	
売上総利益	161.5	154.3	151.6	140.8	140.8	←逓減
売上総利益率	24.1%	23.7%	23.5%	22.6%	22.0%	←徐々に悪化傾向
販管費	133.25	135.85	138.45	140.4	141.7	←増加傾向
営業利益	28.2	18.4	13.1	0.4	▲ 0.9	←前期から赤字に

案件1-D

[プロフィール情報]　工事係長　永倉伸吾
➢ 年齢54歳、現場のたたき上げ。工事部門一筋のベテラン社員。現場の社員からの信頼は厚い
➢ 一方、やや頑固で昔ながらのやり方に固執することがあり、環境変化に柔軟に対応する事がやや苦手。経験のないことの意思決定は先送りしがち

案件1-D

[プロフィール情報]　法人営業係長　清原清二
➢ 年齢43歳、業務用エアコンの営業を長年担ってきているベテラン社員。大手メーカー（G社）のことはよく知っている
➢ 一方、やや視野が狭く、従来型の営業スタイルに固執する時もある。また自身の仕事の領域以外のことには関心が薄く、他の課や係への情報提供などの情報連携が不十分な側面がある

案件1-G

[横浜店予定表]
➢ 9月10日　労基署立入調査の予定

案件8および案件16も、関連性がある案件も踏まえて対応する必要があります。
　ここでも、当座の対策と、再発防止に向けた抜本的な対策を講じていくことが求められます。

【着眼点】
✓　土方店長から営業課としての意見を求められている
✓　来月の定例会議（＝9／2）の議題になる予定がある
　　→何らかの意見が必要だ
✓　清原係長からは、「課長の方から永倉課長を何とか説得してほしい」と言われている

（家庭用エアコン）
✓　今年は猛暑が続き、エアコンの受注は家庭用エアコンを中心に増加している
✓　「今年は強烈な残暑も予想されていますので、工事課の都合で折角の受注機会を逃すのはおかしい」という意見がある
　　→この先も家庭用エアコンは売上高を伸ばすことは可能
✓　営業課としては大手家電量販店に営業攻勢をかけて売上高を確保しているようだ
✓　各大手家電量販店は我々（営業課）が努力して築き上げてきた貴重な販売ルート
✓　ただし「家庭用エアコンは、エアコンの販売は大手家電量販店が行い、当社は設置工事をするだけで、工事単価が低い。協力会社に出したら赤字になるくらいだ」という
✓　「営業がこのような仕事の取り方をしているから当店の業績は悪化するんだ」ともいう

（業務用エアコン）
✓　だから、永倉工事課長としては、「営業課は工事単価が高い業務用エアコンの受注にもっと注力すべきだ」と思っている
✓　一方で、ここ数年、業務用エアコンの受注量が減少している

（その他）
✓　「うちには優れた技術を持つ社員が多いのだから、もっと付加価

値が高い仕事をとれるように営業のやり方を変えてみてはどうなんだ」ともいう
- ✓ 「電気設備や水回り・リフォームなどの技術が高い社員もいますので、そちらの受注も強化して頂きたい」という

（労務の問題）
- ✓ また、「工事課の労働時間もかなり長時間化してきています」という
- ✓ そのことは、松原係長から「国が定めた過労死ラインの基準を超える長時間労働も発生しているようです」との情報もあり確からしい
- ✓ 労基署の立入調査も 9/10 に予定されている
  ←何の調査かは不明

（清原法人営業係長の考え方と行動）
- ✓ 売上高を最大限確保することが最大の使命だと認識している
- ✓ 更なる受注の拡大に向けてＧ社様はじめ、大手家電量販店様への営業攻勢をかけている
- ✓ 「やや視野が狭く、従来型の営業スタイルに固執する時もある」というプロフィール情報がある

（まとめ）
　これらの情報を総合的に勘案すると、以下のように絞られます。

- ✓ エアコン事業は前期赤字であった。おそらく今期も同様の流れが継続している可能性が高い
- ✓ エアコン事業は、売上総利益率も低下してきていることから、おそらく比較的工事単価が高い業務用の売上高が減少する一方、比較的工事単価が低い家庭用エアコンの売上高が増加して、構成比が変化し、結果として採算性が悪化している可能性が高いものと考えられる
- ✓ その背景には、法人営業課の売上重視という風土が存在していると考えられる。そのことは清原係長が「売上高を最大限確保することが最大の使命だと認識している」とハッキリ言っていることから想像できる

✔ 会社としては利益の最大化を目指しているはずだが、いつの間にか、手段の目的化に至ってしまっている状況と考えられる
✔ 今後は、案件2の方向性・方針で設定した「売上重視から利益・採算重視の営業体制に転換し、利益の最大化を目指す」という方向性を横浜店の中で意思統一していくことが必要と考えられる
✔ 一方で、長時間労働という労務問題もどうやら発生している。労基署の立入調査も気になる
✔ 最終的な方向性の転換は、帰国後に詳細分析の後に判断するとして、当座はこれ以上長時間労働を放置することは、万一の場合の影響の大きさを考えるとできない

【対応策のポイント】

対応としては、以下のようなことが考えられます。
ここでは案件8と案件16を同時に処理します。

✧ 土方店長に、現時点の意見を返信する
✧ 同時に、ＣＣで清原係長に対しても情報を送る。その際、清原係長の立場にも配慮する

会社の経済的な目的は"利益"です。特に株式会社ではそうです。もちろん、最近では、キャッシュフローとか、ROEなどの指標の重要性もうたわれますが、本質的には利益ということには変わりはないものと思います。その場合は、目的が"利益"であり、それを達成するための手段が"売上高"や"経費"という関係になります。

しかし実際の企業の現場においても、このインバスケット演習のようにいつの間にか手段である売上高が目的化されてしまうケースもチラホラ見かけます。

このように手段が目的化されることは、プライベートや遊びの時にも発生します。例えば、ゴルフの目的は、基本的にはスコアを最小にする（100以内にする等）ことだと思いますが、実際、ゴルフ場のコースに立つと、いつの間にかドライバーで気持ちよく飛ばすことが目的になってしまって、結局はスコアを乱してしまうということが良くあります（反省！）。

このような対応をとるために、次ページのメール（参考例）を土方店長（ＣＣ：清原係長）に出します。

案件 8	土方店長
16	CC：清原係長
	件名：永倉課長の申し出について
	お疲れ様です。この度緊急な人事異動で横浜店の営業課長を務めることになりました。今後よろしくお願いします。本件は、同様の件で永倉工事課長から当課の清原係長もご意見をいただきましたので清原係長にも配信させていただきます。
	さて、本件に関して私見を述べさせていただきます。今回の永倉工事課長のご意見はもっともである部分もあるかと存じます。前年の実績を見る限り、エアコン事業は赤字に陥っています。私の手元には、業務用と家庭用を区分して損益を把握する資料がないため、現時点では明確なことは言えませんが、工事単価が低く、しかも製品販売の収入がない、大手家電量販店からの家庭用エアコンの受注は赤字の可能性が高いものと思われます。
	一方、手元にある資料を見る限り、この繁忙期に入り工事課では国が定めた過労死ラインの基準を超える長時間労働という問題も発生しているようです。9/10の労基署の立入調査も気になるところです。
	したがいまして、当座これ以上長時間労働を放置することは、万一の場合の悪影響を考えると回避するべきだと考えますので、至急、大手家電量販店からの家庭用エアコンの受注は縮小するべきものと思います。
	なお、営業課におきましては、会社や横浜店のため精一杯の営業活動を行ってきたものと思われます。今後、係長、主任初め、メンバー一同一致協力して業務にあたっていく所存でございます。
	本件を含めた最終的な方向性につきましては、帰国後に詳細分析の後にお話をさせていただければと存じます。
	以上、上海出発まで時間がなく、要件のみで失礼します。ご容赦ください。
	今後とも精一杯役割を果たしていく所存でございます。ご指導のほど、どうぞよろしくお願いいたします。
	石川光

さて、次は案件11をみていきます。

市場予測データの件

> 8/11　大森営業推進課長から井上課長へ
> 以前、貴殿から依頼された市場予測のデータを入手しましたので、送らせていただきます。営業活動にお役立ていただけばと思います

　　案件11ですが、前任の井上課長が依頼した資料を送ってもらったようです。

　　この場合、お礼のメールを出すことになります。

　　一方、11－B①および11－B②のデータについては、第4章の案件2の解説で、データの見方や、追加情報の要求などに触れさせていただきましたので、再度そちらでご確認いただければと思います。

　　以下のメール（参考例）を大森営業推進課長に出します。

案件11	大森営業推進課長
	お疲れ様です。この度、緊急な人事異動で横浜店の営業課長を務めることになりました。今後よろしくお願いします。
	さて前任の井上課長がお願いしました各種の市場予測のデータをお送りいただきまして、ありがとうございます。
	これらの貴重な情報を生かして、モデル店舗である横浜店の業績改善、ひいては会社の発展につなげていきたいと存じます。
	なお大変お手数ですが、各市場のU年より前の実績データの推移が分かる資料が入手可能でしたら、お願いいたします。横浜店の過去の業績推移の分析に活用したいと思います。
	ご無理を言って申し訳ございません。
	今後とも精一杯役割を果たしていく所存でございます。ご指導のほど、どうぞよろしくお願いいたします。
	石川光

　　さて、次は案件17をみていきます。

案件17	最近の水回り専門店のマーケット情報

8/13　沖田個人営業係長から井上課長へ
- 先日、今はやりの業態店舗の視察をしてきました
- 最近は顧客への訴求効果を高めるために、水まわり専門店が我々の担当エリア内でも続々と登場し始めています
- 先日、H社（大手家電メーカー）が直営展開する水まわり専門店を見てきました。数種類のキッチン、バス、洗面化粧台、トイレ等を展示し、グレードや価格帯ごとに展示スペースを分けていました。そのことで来店客が予算に合ったものを選びやすいような工夫をしているようです。多くの来店客で賑わっていました
- 一方、当店はショールームを併設していますが、従来型の製品種類ごとの展示方法ですし、エアコンなのか、電気設備なのか、水回りなのか、何の店舗なのか今一つ分かりにくく訴求力が弱いと思います
- 顧客は専門性や自分の生活スタイルをイメージできる展示を求めているのではないかと思います
- 当店も来店顧客を増やすためには、ターゲットを絞って、水回りなどの製品に特化して訴求する方が良いのではないでしょうか

【関連案件等】

案件1-D	［プロフィール情報］個人営業係長　沖田修司 - 年齢39歳、真面目で誠実との評判がある。他店での個人向け営業の実績を買われて、この4月に赴任したばかり、特に個人向けの水回り・リフォーム事業に精通している - 期待をかけられて横浜店の個人営業係長に就任したが、どうも壁にぶつかっているようだ

案件11-B	- エコキュート市場予測 - 住宅リフォーム市場予測 - 新築住宅着工戸数市場予測

案件14	- 最近、ショールームへの来店客数が伸び悩んでいます

案件 17 は、部下からの提案になりますので、まずはそのお礼をすることになります。
　また既に案件 2 で検討した今後の新しいビジネスモデルの方向性とも絡む案件です。

　ちなみに私の場合は、第 4 章の新しいビジネスモデルの方向性として以下をあげていますので、本案件の情報は非常に有効な情報だと考えます。

| 1．今後は、水回り・リフォーム事業を中心に強化していく |
| 3．個人向けの営業については、ショールームを核とした来店促進型の営業戦略に転換する |

　以下のメール（参考例）を沖田係長に出します。

| 案件 17 14 | 沖田係長
お疲れ様です。この度、緊急な人事異動で横浜店の営業課長を務めることになりました。今後よろしくお願いします。
さて、8/13 付けの井上課長宛の報告（最近の水回り専門店のマーケット情報）を見ました。
積極的な情報収集活動ありがとうございます。
私は、モデル店舗である横浜店において、新しいビジネスモデルや店舗の新たな運営スタイルの確立をすることを求められています。今後、これらの情報を生かしていき、横浜店の業績を改善するとともに、当社の発展にも役立てていきたいと思います。今後もいろいろとお考えや情報を教えてもらえれば助かります。
帰国後に、横浜店の全体状況なども分析した上で、新たな方向性も検討していきたいと思っています。
今後とも、お力を貸していただきますよう、よろしくお願いいたします。
　　　　　　　　　　　　　　　　　　　　石川光 |

第10章
課長レベルの成果管理とは

成果を出し続ける仕組み作り

　　成果を出す管理職の方は、月並みなキーワードですが、"ＰＤＣＡ
の管理サイクル"を意識しています。
　（※ＰＤＣＡとは、「Plan＝計画」「Do＝実行」「Check＝評価」「Action
＝改善」の４つの英単語の頭文字のことをいいます。）
　　一方、成果がまばらな管理職の方は、このあたりが"おざなり"に
なっていることが多いと思います。

　"ＰＤＣＡの管理サイクル"を徹底して、組織のメンバーに浸透させ
れば、それが当たり前になります。
　　組織のメンバーも、同じように行動をするようになります。
　　そして、"ＰＤＣＡの管理サイクル"が組織の中で当たり前になれ
ば、それが成果を出し続ける仕組み作りにつながります。

納期、実施日の確認と設定

　　業務において重要な項目の一つに納期があります。
　　発表する日、完成する日、結論を出す日、納品する日、提出日など
さまざまですが、ビジネスではつきものです。
　　まずは必ず納期の確認をすることが大切です。

　　一方、**納期を決めること**もおろそかにしてはいけません。
　　167ページで、「実行責任者を決めなければ、何も実行されない」
と書きましたが、納期を決めないと、仕事がいつ終わるかは相手次第
ということになります。
　　指示や依頼をする際には、必ず「納期」を設定するようにしてくだ
さい。

報告や連絡の要求

　新入社員研修で、「ホウ・レン・ソウ」（報告・連絡・相談）を講義する場合がありますが、ここで質問です。

**　指示と報告の関係って、なんだと思いますか？**

　新入社員研修では、「"指示と報告は一対"です。仕事が終わったら、必ず報告をしましょう。報告をするまでが一連の仕事です」と指導しています。

　一方、上司の側が部下に報告の要求をすることや、報告を受けることを忘れてしまっていることも、実は多いと思います。
「報告があろうがなかろうが、仕事が終わればいいんだ」なんて思っている方もいるかもしれません。
　しかし、この報告させるという習慣を組織のメンバーに植え付けることが成果を出し続ける仕組み作りとなります。
　最初は大変かもしれませんが、とにかく徹底的に指導するべきです。
　上司である貴方が、うるさく言わなくても部下が勝手に報告をするようになってくれば、仕組みができたことになります。
　それができると、自分の時間やエネルギーを他のことに費やすことができます。

　ただし、あまり管理統制が過剰になりすぎないように注意してください。
　業務や仕事の管理統制はよいのですが、人の行動まで過剰に統制しようとすると、相手から嫌気を感じられたりします。
　何事もバランスが大切です。

不安要素がある場合はバックアップ措置を

「指示や依頼をしたが、ちゃんと結果が出るのか不安だ」というときはありませんか？

　指示や依頼をする相手の能力や、やる気、これまでの実績などによって、納期にちゃんとした品質のモノができあがってくるのか不安な場合があると思います。

　そのような場合は、何らかのバックアップ措置を講じておくことをお薦めいたします。

　例えば、案件5では、以下のようなメールを出しました。本件に対する清原係長の反応や、プロフィール情報から、清原係長がどういう反応を示すのか不安なところもあるため、このメールではバックアップ措置の意味も込めて、ＣＣで斉藤課長にも情報を送っています。

　また、別メールを斉藤課長に送り、フォローアップを依頼しています。

案件5 8 10 12 1－G	清原係長 ＣＣ：斉藤課長 お疲れ様です。この度、緊急な人事異動で横浜店の営業課長を務めることになりました。 今後よろしくお願いします。 さて、早速ですが、法人営業係の鈴木さんから 9/14～18 の年次有給休暇の件で相談が入りました。 法人営業係も第2四半期の締め月ということで営業活動にまい進していただいていることとは思いますが、今回は、申請された年次有給休暇を承認することにしたいと思います。ご理解ください。 至急、手続を進めてください。 理由は、年次有給休暇の申請が出てから既にだいぶ時間が経過している点や、本人の今後の勤労意欲などを考慮しました。篠原主任にも、私の考えを説明しておいてください。 なお、社員の年次有給休暇の取り方や日頃の指導などについては、帰国後に、係長および主任等と話し合っていきたいと思います。

一方、斉藤課長は各案件での言動やプロフィールから信頼に足る人物かどうかは少し怪しい感じがしますが、今回は信用することにしました。

インバスケット演習においても、いろいろなプロフィールをもった人物が登場してきます。その人物に、その指示や依頼をした場合、指示した通りに実行してくれるのか？ それとも、先送りをしてやらない可能性があるのか？ 能力が不足していて実行が難しい可能性があるかも？ なども、考慮する必要があります。そのうえで、指示や依頼の仕方や、補助者をつけるなどのバックアップ措置を考えていくことになります。

では、案件の解説に戻りましょう。
本章では、案件3，4，13，18をみていきます。
本章で書いたことを意識しながらご参考にしてください。

案件3	勉強会（太陽光蓄電設備関係）開催の件

8/11　大森営業推進課長から各営業課長へ
➤ 今後の特需が期待されます太陽光蓄電設備関係につきまして勉強会を下記のとおり開催したいと存じます。当日は、大手家電メーカーの方に来ていただき、今後の営業に役立つお話をしていただく予定です
➤ 　つきましては、ご多用中誠に恐縮ですが、出席者を人選のうえ、参加人数のご連絡をお願いいたします
➤ 日時　　平成U年9月9日（水）　14時～17時
➤ 場所　　本社　大会議室
➤ 内容　　①太陽光蓄電設備関連商品の機能と特徴
➤ 　　　　②同商品の今後の需要予測
➤ 　　　　③同商品の営業上のポイント
➤ なお、資料の準備の都合上、出席者のご連絡を9月1日までに営業推進課あてにご一報くださいますよう宜しくお願いいたします

案件3は、今後、特需が見込まれる太陽光蓄電設備関係の勉強会の参加者の人選と納期がポイントになります。

【着眼点】

✓ 人選については、プロフィールや組織間のバランス、仕事の繁閑、横浜店予定表などを考慮して決める

✓ 参加者は、プロフィールから個人営業係の安富主任が適任と考えるが、現段階で最少人数でも良いかもしれない

✓ 営業課員の業務状況については現段階では不明なため、期限が1日過ぎるが、正式には、明日、沖田係長（もしくは清原係長）に人選してもらい、大森営業推進課長宛に連絡をさせる

以下のメール（参考例）を大森営業推進課長に出します。

案件3	大森営業推進課長 CC：土方店長、沖田係長、清原係長 件名：勉強会（太陽光蓄電設備関係）開催の件 お疲れ様です。この度、緊急な人事異動で横浜店の営業課長を務めることになりました。 今後よろしくお願いします。 さて本件につきまして、たった今メールをみたところです。 1日期日が過ぎてしまい、大変ご迷惑をおかけし申し訳ありませんが、明日、部下から連絡させていただきます。取り急ぎ、要件のみで、失礼いたします。今後とも、よろしくお願いいたします。 　　　　　　　　　　　　　　　　　　　　　　　　　　石川光

また、次ページのメール（参考例）を沖田係長に出します。

案件3	沖田係長 CC：土方店長、清原係長 件名：勉強会（太陽光蓄電設備関係）開催の件 ※メール転送 お疲れ様です。 さて本件につきまして、たった今メールをみたところです。 今後の特需が期待される太陽光蓄電設備関係の勉強会であるため、是非当店メンバーも参加していただき、店長や私にも情報共有をお願いします。 私は、9/9の営業課員の業務状況が分かりませんので、貴職の方でそれを確認および人選の上、明日中に、大森営業推進課長宛に、参加人数の連絡をお願いいたします。 私としては、個人営業係の安富主任には参加してもらいたい。他は貴職にお任せします。概ねの目安として個人営業係から1～2名、法人営業係から1～2名を人選してください。 判断に迷うことがある場合は、土方店長に相談してみてください。 私宛に結果報告もお願いいたします。 大変お手数ですが、よろしくお願いいたします。 <div align="right">石川光</div>

案件4	取引先の親睦旅行（兼ゴルフコンペ付き）の件

8/12　土方店長から井上課長へ
➢ 今年も大手家電量販店の大和デンキから親睦旅行の誘いの書面が送られてきた
➢ 例年通り参加で返信等手配をしておいてくれ
➢ 例年だと、確か参加者は、店長、営業課長、法人営業係長および担当者の4名程度だったはずだ
➢ 2日目の意見交換会での提案を何か考えておいてくれ

8/7　(株)大和デンキ　横浜支店長　渡辺様から土方店長へ
➢ 毎年恒例の秋の親睦旅行およびゴルフコンペを開催したくご案内させていただきます。万障お繰り合わせの上、ご参加いただきますようお願い申し上げます
➢ 日時　　　U年11月13日（金）〜14日（土）
➢ ゴルフ　熱海ゴルフコース　　　11月13日　現地8時集合
➢ 宿泊　　　熱海リゾート温泉ホテル　11月13日　1泊2日（※宴会あり）
➢ ※なお2日目の午前にホテル会議室で意見交換会を開催させて頂きます
➢ 参加者　工事協力会社の皆さま
➢ 参加費用　1名様:60,000円

【関連案件等】

指示書 参考情報3	【予算決裁権限規定　抜粋】 ➢ 営業課長決裁権限:10万円以下（月額） ➢ 店長　　　決裁権限:30万円以下（月額）

案件18	➢ 今期は各店舗の経費（売上原価を含む）を、前期比で一律3％引き下げることが、先週の役員会で決定しました。各店長は、具体的な削減策を検討の上、・・・・

案件4は、関連性がある案件も踏まえて対応する必要があります。

【着眼点】

✓ 返信の期日の指定は特にないが、取引先（仕事をいただいている）のため、なるべく早めの返信が必要

✓ しかし、9／8以降の返信でも問題はないと考えられる。以下の確認事項などをつめてから返信をする方が得策と考えられる

✓ 4名参加の場合、参加費用だけで24万円かかる。その他の費用もかかるはず

✓ この経費は、販売促進のための予算にあたる可能性があり、店長決裁権限（30万円以内）の範囲内だが、他の販売促進活動ができなくなる

✓ また、本社経理部から経費の一律3％の引き下げ方針の指示があったので、それも考慮する必要がある

✓ 店長は、「例年通り（確か参加者は、店長、営業課長、法人営業係長および担当者の4名程度）参加で返信等手配をしておいてくれ」というが、実際のメンバーおよび費用実績等を確認する必要がある

✓ 費用対効果の検証も必要だ

✓ また店長から、「2日目の意見交換会での提案を何か考えておいてくれ」と指示があった

✓ 今後の方向性との兼ね合いもあるが、現状大手家電量販店から受注している家庭用エアコンは赤字事業の可能性が高い

✓ 案件8で永倉工事課長から「工事単価が高い業務用エアコンや、電気設備や水回り・リフォームの受注も強化して欲しい」との意見があった

✓ 上記を踏まえると、大和デンキに対して、家庭用エアコン以外の業務用エアコン、電気設備や水回り・リフォーム関係の工事なども協力関係を構築できないかを提案するという考えが浮かぶ

【対応策のポイント】

対応としては、以下のようなことが考えられます。

✧ 参加の申込手配は、判断材料が整った後に、速やかに行う

- ✧ 松原係長に、以下の調査および連絡を依頼する。期日は９月８日までとする
- ✧ 前年及び前々年の親睦旅行（兼ゴルフコンペ付き）にかかわる経費実績および参加者名
- ✧ 本経費が販売促進予算になるのか、他の経費になるのか
- ✧ 清原係長に、以下の調査および報告を指示する。期日は９月８日までとする
- ✧ 大和デンキから受注している業務内容、年間および月間の受注金額（直近 3 年間の推移が分かるもの）、工事種別ごとの受注金額の合計、工事単価などできる限り詳細なデータ
- ✧ 上記の資料やデータをみて総合的に判断して、参加申込の手配、店長への進言などを行う

　このような対応をとるための指示や依頼などを各方面に出します。

案件13	上半期（9月末）の売上高・利益予測の件

8/18 斉藤課長から井上課長および永倉課長へ
➢ 井上課長には売上高予測および販売管理費等の経費予測
➢ 永倉課長には外注費を含む原価予測をお願いいたします

8/7 藤堂経理部長から各店総務課長へ
➢ 来月には、上半期の仮決算となります。今年度も引き続き、売上高・利益ともに逓減傾向にあり、収益状況は大変厳しくなっています。各店は、目標達成に向けて引き続き邁進してください
➢ 仮決算の予測をする必要がありますので、各店の売上高および営業利益の来月（9月）末の予測値をご報告ください
➢ U年9月4日までに提出するようにお願いいたします

　続いて案件 13 です。
　期限が定められており、今すぐの対応が求められています。

【着眼点】
✓ 本件は、最終的には斉藤総務課長が取りまとめて、経理部に報告することになる
✓ 期限は、９月４日なので、早急に手配が必要である
✓ 自身の手元情報では対応できないので、組織のメンバーのうち適任者に依頼する
✓ 目標とあるが、手元資料では不明

【対応策のポイント】
　対応としては、以下のようなことが考えられます。

✧ 斉藤課長に、本件は９月３日まで（できるだけ早く）、沖田係長から報告させる旨の連絡をする
　また、横浜店の目標が分かる資料を依頼する
✧ 沖田係長および清原係長に、本メールを転送し、以下を指示する
　・９月末の売上高予測および販売管理費等の経費予測を係ごとに計算・集計

199

・清原係長は、結果を沖田係長に連絡
・沖田係長は、とりまとめの上、9月3日まで（できるだけ早く）
斉藤課長に報告。その際、私にも同様の報告をお願いいたします

このような対応をとるための指示を各方面に出します。

さて、最後になりました。案件 18 です。

案件18	今期の経費削減目標の件

8/18　土方店長から井上課長、永倉課長、斉藤課長へ
➤ **本社から以下の通り、経費削減の要請がきた**
➤ **各課の経費削減策を具体的に報告**してください

8/31　藤堂経理部長から各店長へ
➤ さて、今期も来月末で仮決算です。今年度も収益状況は大変厳しい状況が続いています。
➤ 今期は**各店舗の経費（売上原価を含む）を、前期比で一律3％引き下げる**ことが、先週の役員会で決定しました。各店長は、**具体的な削減策を検討の上、U年9月7日（月）までに提出**するようにお願いいたします

　期限が定められており、これも今すぐの対応が求められています。

【着眼点】
✓ 本件は、最終的には土方店長が取りまとめて、経理部に報告することになる
✓ 期限は、9月7日なので、早急に手配が必要である
✓ 自身の手元情報では対応できないので、組織のメンバーのうち適任者に依頼するが、本件は案件 13 よりは重い案件であり、今後の方向性も踏まえて検討する必要がある。

【対応策のポイント】

対応としては、以下のようなことが考えられます。

✧ 土方店長に、以下の報告をする

✧ 本件、取り急ぎ、沖田係長および清原係長に以下の指示を出したこと

✧ 今回は、取り急ぎの報告となりますが、今後はさらに各情報を詳細分析しまして、より本格的な経費削減策を検討していきたい旨

✧ 沖田係長および清原係長に、本メールを転送し、以下を指示する

✧ 経費（売上原価を含む）の具体的な削減策を係ごとに検討する

✧ 経費削減策を検討する際の着眼点は、ムダな経費はないか、費用対効果の検証、販売単価の見直しはできないか、利益率の高い製品や工事の割合を高めることができないか、など

✧ その上で、9月4日まで（できるだけ早く）土方店長に報告してください。その際、私にも同様の報告をお願いいたします

このような対応をとるための報告や指示を各方面に出します。

おわりに

　ここまでお読みいただき、ありがとうございました。

　ご自身の回答との違いはありましたでしょうか？
　もし違いやギャップがあるのであれば、本書の中で書かせていただいたマネジメント上のポイントや着眼点、対応策のポイントなどを熟読していただき、どのような着眼点がなかったのか、結果、どのような対策や指示、依頼が不足していたのかなどを確認してください。
　何度も確認していただければ理解できるはずですし、自分自身の今後の着眼点に加わっていくものと思います。

　一方、本書に記載させていただきました着眼点や対応策がすべて正しく、これ以外に解はない、ということではありません。
　本書に掲載しましたインバスケット演習には、多くの情報が盛り込まれていますので、想像力を使い、それらを組み合わせれば、着眼点や解決策（手段）は幾通りも案出することができると思います。
　ご興味がある方は、他の方向性や解決策を考察してみてください。
　思考の幅が広がると思います。

　さて、書中でも触れましたが、元々インバスケット演習は、企業や組織における人材アセスメントの際に、個々人の能力診断をするためのツールでした。
　そのため、演習の振返りなどにはあまり力を入れず、能力診断の精度を高めることが優先されてきました。
　一方、インバスケット演習は、企業や組織におけるマネジメント行動を、ロールプレイングを通じて実践的に体験できるため、自分自身の足らないところに気付くなど、座学の学習と比較して、より教育効果が高い演習だといえます。
　そのことは受講者の声からも確信しています。

　最近、そのことに各企業の幹部の方や人事担当の方が気付いてきており、各演習の振返りや講師からのフィードバックを充実してほ

しいとのご要望が増えてきました。

　それを受けて、私たちは、インバスケット演習など各演習の振返りを充実したものにするなど、より学習効果が高い研修プログラムを開発してきました。

　そして、そのような取り組みを実際にされている企業の社員様は、インバスケット演習の業務処理や、他の演習（グループ討議演習や面接演習など）における対人コミュニケーション・スキルなどのマネジメント能力が全般的に高まってきています。

　例えば、前回、下の階層で体験された方が、次回、上位の階層で体験されたときに、同じ方とは思えないほど高い発揮度を示すといったケースが続出しています。

　演習→振返り→職場での実践といったサイクルが、組織全体に人材成長の波及効果をもたらしているようです。

　中には、私たちが想定していない着眼点から、素晴らしい分析や案件処理を見ることもあります。

　実は、インバスケット演習は、企業や組織の中で埋もれた宝（人材）の原石を見つけ出せる素晴らしいツールだと、私は実体験から思っています。

　素晴らしい原石は若手の中、中堅社員の中など組織の中のいろいろな層に隠れていることが多いと思います。

　元々潜在能力がある方が、私たちによって掘り起こされ、認められることにより、更にモチベーションと能力が高まるという好循環を作り出すことができます。

　インバスケット演習は、そのきっかけになるものと確信しています。

　一方、「自分は全くダメだ」なんて思わないでください。

　努力さえすれば必ずマネジメント能力はアップできます。

　今回のこのインバスケット演習「エアクリエート（株）　横浜店　営業課長」は、私が作り、分析や案件処理の解説も私が考えました。

　しかし、20年前の私は経営や組織の分析など全くできませんでした。それこそ、このような文書を書くことさえ苦手でした。

　しかし、国家資格の試験を受験する際に、必要に迫られてテキスト

を何度も何度も読んだり、考えたり、ノートがボロボロになるくらい何回も何回も書き出したりしながら、少しは身につけることがでました。

　つまり、何事でも目標を決め実現を目指せば、誰でも、ある程度のレベルまでは必ず到達することができると思っています。

　そのカギは、反復訓練の継続だと思います（ちなみに、私は今はゴルフを反復訓練中です）。とにかく反復訓練です！

　最後になりますが、本書の監修をしていただきましたＨＡコンサルティング株式会社ＣＥＯの廣瀬正人様（人材アセスメントに30年以上携わっています）に大変感謝申し上げます。

　また本書の出版に際して、ラーニングス合同会社の代表の梶田洋平様には、多大なるお力添えをいただきました。

　本当にありがとうございました。

　　　　　　　　　　　　　　　　　　　　　　西山　真一

回答シート

氏 名	

＜記入上の注意＞

1．左欄に案件番号を記入し、その処理を右欄に記入してください。
2．処理内容は指示文・依頼文等で記載してください。または心づもり・計画などを記入してください。

案件 No.	処 理 内 容
（例）	
案件〇	〇〇様
	〇〇〇〇〇〇〇〇〇〇〇〇〇〇〇〇〇〇〇〇〇〇
	〇〇〇〇〇〇〇〇　（指示文）〇〇〇〇〇〇〇〇〇
	〇〇〇〇〇〇〇〇〇〇〇〇〇〇〇〇〇〇〇〇〇〇
案件〇	〇〇〇〇〇〇　（心づもり・計画）〇〇〇〇〇〇
	〇〇〇〇〇〇〇〇〇〇〇〇〇〇〇〇〇〇〇〇〇〇
	〇〇〇〇〇〇　（心づもり・計画）〇〇〇〇〇〇

案件 No.	処　理　内　容

【著者プロフィール】

西山真一
（にしやま・しんいち）

- ・ ＨＡコンサルティング株式会社　ＣＯＯ、人事総務マネジメント
  サービス　代表取締役、特定非営利活動法人日本ケースメソッド
  協会　理事副会長。
- ・ 経営コンサルタント、セミナー・研修講師、中小企業診断士、社
  会保険労務士、人材アセスメント研修認定アセッサー（日本ケー
  スメソッド協会）。
- ・ 地域金融機関を経て、現在経営コンサルタント。経営、マネジメ
  ントや人事労務管理について実戦で培った経験を持つ。セミナ
  ー・研修の講師や企業のコンサルティング、執筆などの活動して
  いる。
- ・ ビジネス経験や経営コンサルタントのノウハウを生かし、これま
  で多くのインバスケット演習などのケースを開発してきた。
- ・ 講師としては、実戦経験を生かし、論理的かつ分かりやすい講義
  が持ち味。研修や個別面談を通じた受講者のモチベーションアッ
  プが得意。人材アセスメントのアセッサーとしての実務経験も長
  い。
- ・ 企業コンサルティングでは、机上の空論ではなく、現場重視、モ
  チベーション重視、人材重視、資金繰り重視で多くの企業の経営
  をよくしてきた実績がある。

【監修】

廣瀬正人
（ひろせ・まさと）

・　ＨＡコンサルティング株式会社　ＣＥＯ
・　経営学修士（ＭＢＡ）、人材アセスメント研修認定アドミニストレーター（日本ケースメソッド協会）。

【人事教育等ご担当者様】

・人材アセスメント研修・試験
・インバスケット研修
に関するお問い合わせは以下のホームページからお願いいたします。

ＨＡコンサルティング株式会社
https://ha-consulting.co.jp/

人材アセスメント受験者、管理職のための

インバスケット演習の実践

ＨＡコンサルティング株式会社
西山 真一
監修　廣瀬 正人

**日替わり弁当会社の課長になりきって
マネジメントトレーニングに挑戦！**

案件処理の
回答例を掲載！
※全案件ではありません

マネジメント視点で
着眼点や対応策の
ポイントなどを
詳細に解説！

黄色の
表紙が
目印！

ラーニングス

インバスケット演習の実践

西山 真一 (著), 廣瀬 正人 (監修)　A5版 / 定価1,870円

リーダー・管理職・人材アセスメント受験者必見！

本書はインバスケット演習を通じてマネジメントを疑似体験することで、管理職・リーダーとしての経験値を高めることができるビジネス書籍です。(今、部下がいなくても、まだ管理職でなくても、大丈夫です！)

現場ですぐに使える、考える力、決める力、人や組織を動かす力などを向上させることが期待できます！
是非、本書を通じて、一生役に立つ！ マネジメントの基本的な考え方や、問題解決などの実践方法を身につけてください。

ISBN : 978-4-434273-25-4 / ラーニングス株式会社

初級
管理者
向け

管理職・リーダー（基礎編）

人材アセスメント受験者、管理職のための

インバスケット演習と
面接演習の実践

マネジメントを体験型学習
（アウトプット型学習）で実践的に学べます

［HAコンサルティング株式会社］
著者：西山真一
監修：廣瀬正人

● 職場ですぐに役立つマネジメントスキルが身につきます
● 部下面接の会話例で部下指導を具体的に学べます
● インバスケット演習（基礎編）で管理職・
　リーダーの思考や行動を基礎から学べます
● 人材アセスメント試験等対応

コミュニケーションの幅がグンと広がる『質問事例集』を掲載！

ラーニングス

青い
表紙が
目印！

インバスケット演習と面接演習の実践

西山 真一 (著), 廣瀬 正人 (監修) A5版 / 定価1,848円

実践的マネジメントのアウトプット型学習を体験してみませんか？

本書は、"インバスケット演習"と"面接演習"というケースを活用してマネジメントを疑似体験していただき、マネジメントの経験値を高めると共に、その基本的な考え方を理解して、あなたの潜在能力の発揮度を高めていただけるように企画しました。

振り返り学習することで、職場ですぐに使える「考える力、決める力、人や組織を動かす力、部下とのコミュニケーション力」などマネジメント実践力を向上させることが期待できます。

ISBN : 978-4-434277-38-2 / ラーニングス株式会社

人材アセスメント受験者、管理職のための
インバスケット演習

ISBN：978-4-434-32260-0
2023 年 6 月 20 日　初版発行
2024 年 8 月 29 日　2 刷発行

著　者：西山 真一
監　修：廣瀬正人

発行所：ラーニングス株式会社
　　　　〒 150-0036　東京都渋谷区南平台町 2-13
　　　　南平台大崎ビル 3F
発行者：梶田洋平

発売元：星雲社 (共同出版社・流通責任出版社)
　　　　〒 112-0005　東京都文京区水道 1-3-30
　　　　Tel(03)3868-3275